Annette von Droste-Hülshoff (1797–1848). Gemälde von Johannes Sprick,
1840. – «Dir weih' ich meine freien Lieder! / Ich schütte sie in Deinen
Schooß / Ein Heer von wilden Blüten nieder, / Und auch die kleinste selbst
wird groß.» (Emilie Emma, Schwertlilien. Zeit-Gedichte, 1849)

Annette von Droste-Hülshoff

dargestellt von Herbert Kraft

Rowohlt

rowohlts monographien begründet von Kurt Kusenberg
herausgegeben von Wolfgang Müller und Uwe Naumann

Redaktionsassistenz: Katrin Finkemeier
Umschlaggestaltung: Walter Hellmann
Vorderseite: Annette von Droste-Hülshoff.
Daguerreotypie von Friedrich Hundt, 1845,
in einer Photographie aus dem Jahr 1860
(Westfälisches Amt für Denkmalpflege, Münster)
Rückseite: Das Fürstenhäusle über Meersburg
(Atelier Toni Schneiders, Lindau)

Dieser Band ersetzt die 1967 erschienene
Droste-Monographie von Peter Berglar.

Originalausgabe
Veröffentlicht im Rowohlt Taschenbuch Verlag GmbH,
Reinbek bei Hamburg, April 1994
Copyright © 1994 by Rowohlt Taschenbuch Verlag GmbH,
Reinbek bei Hamburg
Alle Rechte an dieser Ausgabe vorbehalten
Satz Times PostScript Linotype Library, PM 4.2
Gesamtherstellung Clausen & Bosse, Leck
Printed in Germany
1290-ISBN 3 499 50517 7

2. Auflage. 11.–14. Tausend Februar 1996

Inhalt

Handschrift aus dem Lustspiel «Perdu!» (MA III,7)

Lebensanschauung

Wie sie sich ihr Leben ausdachte, wie sie sein wollte, das steht, kaum verborgen durch den verschlüsselten Namen und die lustspielhafte Szenerie, in der Komödie *Perdu!* – als werde aus der Wirklichkeit zitiert. Das Stück spielt im Haus eines Verlegers. Unter den auftretenden Personen ist auch *Anna Freyinn von Thielen*, die aber mit *Frau von Thielen* angeredet wird und geradezu ein Wunschbild Annette von Droste-Hülshoffs ist: nicht *Nette* zu heißen, wie sie gerufen wurde und selber die Briefe an die Verwandten unterschrieb; *confus* zu sein, nicht wie sie selber es war, *wirblich*, als hätte sie *einen Kreisel im Kopfe* (9,104)[1], sondern wie Wilhelmine von Thielmann früher, ihre *genaueste Freundinn* (8,98), mit einem *gesteigerten inneren Leben*, dabei *sehr liebenswürdig und beynahe glücklich* (9,311); *eine große schöne Frau* zu sein; geliebt zu werden von dem, der *roth* würde *wie ein Krebs, stachlicht wie ein Igel* vor Eingeständnis; zu leben also wie in den «Gemälden der menschlichen Leidenschaften» (SD 75) von *Jane Baillie*, der *ersten jetzt lebenden Schriftstellerin*, dem *weiblichen Shakspeare* (MA II,9); zu leben so, daß die Personifikationen ein Teil der eigenen Existenz wären, aus keinem andern Grund entstand aus Joanna Baillie und ihrer literarischen Figur Jane De Monfort der Name Jane Baillie; *ein weiblicher Bendemann* zu sein, berühmt wie der Maler, dessen Bild «Die trauernden Juden im Exil» in Nachstichen und Lithographien verbreitet war; anerkannt zu sein als die Schriftstellerin, die besser schrieb als Freiligrath, auch als Joanna Baillie, die *nicht wahr genug* schrieb, aber doch besser als *die meisten Männer*. (MA II,9)

In der letzten Szene des Stücks ist der *poeta laureatus* beim bacchantischen Fest auf dem *Studentenboot Lœtitia*; von fern erkennt man auf dem Schiff *drey Flaggen! blau, weiß, und roth*, die Farben der Trikolore auf dem *Dampfboot*, das «die Bewegung der Zeit» in seinen Rädern hat.[2] An die *weiße* Fahne heftet jetzt der Dichter einen Kranz aus Rebenlaub, und wie er dabei seinen Mantel umgeschlagen hat, leuchtet dieser in *Blau*. *Anna von Thielen* ist da bereits weggegangen aus dem Haus mit dem Fenster zum Rhein, weggegangen voll Zorn über die Geringschätzung ihrer

7

Kupferstich von Ferdinand Ruscheweyh (1832) nach dem Gemälde von Eduard Bendemann (1832), das damals auch unter dem Titel «Die Hebräer im Exil» bekannt war. – «[…] habe ich heute wieder Bilder in die leeren Rahmen gemacht, die Hebräer im Exil, und was ich sonst hatte». (Annette von Droste-Hülshoff an Jenny von Laßberg, 22. Oktober 1834)

Ferdinand Freiligrath (1810–1876). Stahlstich, um 1840. – «Hier in Norddeutschland sind die Leute ganz wie betrunken von seinen Gedichten – schön sind sie auch, aber wüst». (Annette von Droste-Hülshoff an Jenny von Laßberg, 7. Juli 1839)

Gedichte, *feuerroth* im Gesicht um ihre Literatur. Aber einer hat sie begleitet, *wüthend* auch er, so schien es.

Sommer 1839 – Annette Droste hielt sich bei den Verwandten im Paderbornischen auf. Dort schätzte man ihre Schriftstellerei nicht sonderlich, aber man traute ihr zu, für das *unruhige und doch nichtsthuerische Leben* in Abbenburg und Bökendorf (8,310) Komödien zu verfassen; sie war ja auch, so hatte ihre Mutter schon früher nach Bökendorf geschrieben, der «Hoflustigmacher». (G 154) Die ärgerliche Einschätzung blieb auf Annette Droste nicht ohne Wirkung; *halb verdrießlich* wurde sie davon, *halb unschlüssig* (9,64), und im nächsten Frühjahr hatte sie sich zu dem, was ihr *im Grunde* widerstand, doch entschlossen. Freilich fehlte ihr die *Intrigue des Stücks*, der *Stoff* – bei allen *Scenen, Situationen, lächerlichen Charakteren*, die ihr *in Ueberfluß* zur Verfügung standen (9,98f.), wie in dem Lustspiel, das sie schließlich schrieb, als *Charaktere* Personen aus der Literaturszene wiedererkannt wurden: Der *poeta laureatus* trägt den Namen *Friedrich Sonderrath* statt Ferdinand Freiligrath; der *Dichter minimi moduli* heißt *Theofried Willibald*, nicht Wilhelm Junkmann; Louise von Bornstedt erscheint als *Claudine Briesen*; in *Seybold, Recensent, und nebenbei Dichter*, ist Levin Schücking zu erkennen, noch

Dampfboot «De Rijn». Kupferstich von Johann Schlappels. – 1825 war Annette Droste in Köln dabei, als das Schiff in «Friedrich Wilhelm» umgetauft wurde. – «Windsbräuten gleich versetzen / Uns Geistesflug und Dampf.» («Vor vierzig Jahren»)

Wilhelm Junkmann (1811–1886). Gemälde. – «Zwischen dem adlichen Fräulein und dem aussichtslosen Kandidaten war eine Grenze, die ich nicht aufheben wollte im Umgange, auch zwischen dem adlichen Fräulein und dem Mann des vierten Standes in der Politik.» (Wilhelm Junkmann, 1886; HC 179)

daran, daß *Seybold* das *kleine Pferdchen mit den langen Ohren* heißt – so nannte Annette Droste Schücking, den Mann, für den sie, die fast achtzehn Jahre ältere Frau, das *Mütterchen* zu sein hatte.

Keiner lebt, wie er schreibt. Aber die Texte sagen, was einer will, verraten zugleich, was er entbehrt. Als Annette Droste 1841/42 ein halbes Jahr mit Levin Schücking in Meersburg war, hatte sie das Lustspiel *zur Feilung* mitgenommen. (9,264) Was sie auch verfaßte, wollten sie anders, die Verwandten, die Bekannten und später die Interpreten, wollten es so, daß *mit ein paar Worten, mit einer Zeile [...] das Ganze klar* gemacht wäre. Nur der Mann, der sie kannte, hielt sie als seine *litterarische Freundinn*. Es war überflüssig, daß Schücking in dem Buch, das er 1862 über Annette von Droste-Hülshoff veröffentlichte, die Leser «um Nachsicht» bat, weil in dieses «Lebensbild» er selbst mit eingezeichnet sei – es war ja kaum so. Und was er dort über die literarische Freundin sagte, nahm er mit dem letzten Satz des Zitats noch wieder zurück: «Das war eben das Eigenthümliche dieses Charakters [...], daß seine größte Kraft sich concentrirte in der mit stahlscharfer Sonde eindringenden Menschenkennt-

Levin Schücking (1814–1883). Gemälde von Elisabeth Jerichau-Baumann, 1847. – «Will man von dem Gegenstande seiner Liebe nicht wenigstens erfahren, ob man wieder geliebt wird? Es ist mir ebenso wenig je in den Sinn gekommen, ihr diese Frage zu stellen, als mich selber zu fragen, ob ich sie liebe, und sie hat sich in Beziehung auf mich nicht neugieriger gezeigt.» (Rousseaus Bekenntnisse. Deutsch von Levin Schücking, 1870)

niß, in dem genialen Urtheile über Welt und Verhältnisse, in dem ruhig klaren Blick, der durch alle Herzensfalten zu schauen schien. Diese Seite seines Wesens ist es ja, womit jeder geniale Geist den Horizont Derer, die ihm nahe treten, am meisten erweitert, und auf receptive verständniß-volle Naturen wenigstens, den dauerndsten Einfluß übt.» (SD 8 f.)

Sie liebte ihn im Denken, in der Empfindung, mit ihrer Einbildungs-kraft. Aber das war bloß die gelebte Metapher, und die Wirklichkeit stand später in dem Buch über sie. Die Jahre, die sie ihn nicht gekannt hatte, drängten sie an ihn, auch weil es schon so spät war. Unterdem merkte sie nicht, daß er keine Anhänglichkeit hatte. Wenn es damals er-laubt gewesen wäre, hätte sie im Protevangelium des Jakobus, im 19. Ka-pitel, nachlesen können, wie jemand um denjenigen, den er als ihm zuge-hörig empfand, gebracht wurde und dies Schicksal annahm als Willen und Wirken Gottes: «Sie aber sprach zu mir: Wer ist die, die in der Höhle gebiert? Und ich sprach zu ihr: Meine Verlobte. Und sie sprach zu mir: So ist sie nicht dein Weib? Und ich sprach zu ihr: Es ist Maria, die auferzo-gen ward im Tempel des HERRN, und durchs Los ward sie mir gegeben zum Weib und ist doch nicht mein Weib, sondern sie empfing vom Heili-gen Geist.»

Nachher, für Annette Droste und Levin Schücking, waren die Zugehö-rigkeiten vertauscht. Er war ihr Bild, sie sein Bild aber nicht; seine Ju-gend, sein Leben wollte es anders. Und wäre nicht er der Widerstrebende gewesen, hätte sie die Widerstrebende werden müssen, so würde es ihr Stand verlangt haben. Auch noch ihr Alter; die *achtzehn Jahre* ließen sich nicht *streichen* aus dem *Lebensbuch*. (1,160) Ihr Glück war es nicht, den einen Mann nicht zu verlieren trotz aller Wirrungen und Irrungen; ihr Unglück war, daß sie gar nichts verlor, was ihr angehört hätte. Aber keine Fügung wollte Annette Droste erkennen, und in ihr Schicksal ergab sie sich nicht. Sondern sie erfand sich als Individualität, erschrieb sich ein Leben.

Leben in Münster

Annette von Droste-Hülshoff wurde am 12. Januar 1797[3] in Haus Hülshoff bei Münster geboren, als zweites der vier Kinder von Clemens August Freiherrn Droste zu Hülshoff und Therese, geborener Freiin von Haxthausen. *Zu früh geboren* heißt ein 1841/42 geschriebenes Gedicht (MA I,36); die Fassung, in der es unter dem Titel *Der zu früh geborene Dichter* gedruckt wurde, enthält an der ersten Stelle keinen Reim: *Acht Tage zählt' er schon, eh ihn/ Die Amme konnte stillen,/ Ein Würmchen, saugend kümmerlich/ An Zucker und Kamillen,/ Statt Nägel nur ein Häutchen lind,/ Däumlein wie Vogelsporen,/ Und Jeder sagte: «armes Kind!/ Es ist zu früh geboren!»* Die Biographie stellt eine Reimordnung her: wenn *er* durch *ich*, dann *ihn* durch *mich* ersetzt wird; so hieß es auch in der ursprünglichen Version. Was in der ‹biographischen› wie in der

Haus Hülshoff. Zeichnung von Annette von Droste-Hülshoff nach einer Vorlage ihrer Schwester Jenny. – «In monderhellten Weihers Glanz / Liegt brütend wie ein Wasserdrach'/ Das Schloß mit seinem Zackenkranz,/ Mit Zinnenmoos und Schuppendach.» («Der Schloßelf»)

‹literarischen› Fassung steht, bestimmte Annette Drostes Leben als Vorstellung – *Im zähen Körper zeigte sich* – oder als Wirklichkeit – *Zäh wilder Seele Streben.*

Bis 1802 bestand noch das Fürstbistum («Hochstift») Münster. Hier konnte ein Landadliger durch die Wahl zum Bischof in den Reichsfürstenstand aufsteigen. Bei einer Sedisvakanz trat die «Domkapitularische Landes-Regierung» ein, ging alle Herrschaft, gingen zugleich die Einkünfte auf das Domkapitel über; die eigens geprägte Sedisvakanzmedaille zeigte die Wappen der Domkapitulare. De facto war das Domkapitel immer Mitregent, besonders seit das Hochstift, von 1723 an, wieder in Personalunion mit dem Kurfürstentum und Erzbistum Köln verbunden war. Der gewählte Bischof kam nach Münster, um die Huldigung der Landstände entgegenzunehmen, sonst zu eher seltenen Visitationen. Er hielt hof, der Kurfürst, in seiner Bonner Residenz, bald zudem im Poppelsdorfer Schloß sowie in Brühl auf Schloß Augustusburg; die Verwaltung des Bistums Münster überließ er dem Domkapitel und dem Domdechanten, zeitweilig gab es einen Minister für das Bistum.

Bei der Verbindung von Wahlstaat und Personalunion konnten sich, wenn vom Domkapitel ein neuer Bischof zu wählen war, Schwierigkeiten ergeben. «Wie hebbt nu enen gelehrten Kaplaon», wußten die Leute in Everswinkel, einem Kirchspiel im Münsterland, «denn äs lest de Domheeren den Landesfürsten wählen wullen, connen se met de Sake nich up't Reine kuemen; dao raipen se ussen Kaplaon daoto; de schmeet iär de Sake faots utenanner.»[4] Der Kaplan war Bernard Overberg, dem Annette Droste später begegnete. «Eine wunderbar naive Zeit» war es, stand 1841 in dem von Freiligrath und Schücking (mit Annette Drostes Hilfe) verfaßten «Malerischen und romantischen Westphalen», als das «Stift auf seine gemüthliche Weise souverain über Land und Leute schaltete, oder nicht schaltete! Denn daß es nicht regiere, daß alles patriarchalisch aus Staats- und Regierungsrecht in den Bereich des Privatrechts gezogen wurde, war es allein, was die herrschenden Institute jener Zeit unangefochten ließ. Modernes Vielregieren hätte damals alles in die bunteste Verwirrung gestürzt.»[5] Über denselben Staat hatte der preußische Generalmajor von Blücher gesagt, hier verpraßten «42 übermütige Domherren den Schweiß der Armut». (HT 29) Wie «auf dem Domhof [...] des Abends die Laternen einen größern Schein von sich» warfen «als an andern Orten», so gaben «die auf selbigem wohnenden Domherren als der Clerus primarius einen größern Glanz von sich [...] als andere» (L 30), schrieb Nikolaus Anton Lepping, Kaplan an der Stadt- und Marktkirche St. Lamberti. Außer dem Domstift mit 41 Kapitularen und noch mehr Vikaren gab es in der Hauptstadt vier Kollegiatstifte (einschließlich des vor der Stadt gelegenen Stifts St. Mauritz), sieben Pfarren (zu denen auch die Stifte St. Ludgeri und St. Martini gehörten), vierzehn Klöster und Kongregationen. In Versen von Friedrich Raßmann war sogar die Landschaft als eine geistliche beschrieben: «Was ich mit Schmerzen vermisse? – Gesteilte Hügel und Berge, / Wo durch der Aussicht Magie höher sich stimmet der Geist. / ‹Aber dafür hast du wieder ja Cruzifixe, hochragend, / Kühn beflügelnd den Sinn. Rechn' eins ins andre, mein Freund.›»[6]

Im Hochstift Münster gab es drei Landstände: 1. das Domkapitel, 41 Kapitulare aus den stiftsadligen Familien; 2. die Ritterschaft, über sechzig Mitglieder aus den stiftsadligen Familien; 3. die dreizehn landtagsfähigen Städte. Den Stiftsadel bildeten die Familien mit landtagsfähigen (innerhalb des Landes gelegenen) Gütern und sechzehn adligen Ahnen in der Generation der Ururgroßeltern; seit 1715 gehörte dazu wieder die Familie Droste-Hülshoff. Keine eigene ständische Vertretung hatten der nicht-stiftsfähige Adel, die niedere Geistlichkeit, die Beamten und Offiziere, die Bauern, die unterbürgerlichen und unterbäuerlichen Schichten. In Johann Ferdinand Neigebaurs «Katechismus der Münsterländer» konnte man später lesen, wodurch Münster sich auszeichnete als «das eigentliche wiedergefundene Paradies»: dadurch, «daß die wenigen adligen Familien Herren des Landes waren, die Bauern [...] ihre Leibeignen, und der Mittelstand in ihren Privatdiensten, entweder als Juristen, Capläne, Aerzte oder auch Lieferanten. Besonders aber waren die Stifter die Hauptgrade der Glückseligkeit. [...] Der älteste Sohn bekam das älterliche Vermögen, der andere wurde Domherr, der dritte Canonicus, und die Töchter alle Chanoinessen, so waren sie alle versorgt.»[7]

Für den Eintritt in das Domkapitel genügten die niederen Weihen, nur der Domdechant mußte Priester sein; hinzu kam das «Biennium», ein Jahr und sechs Wochen Studium, eher Aufenthalt an einer Universität in Frankreich oder Italien, seit 1773 wurde genauso ein zweijähriges Studium an der neugegründeten Universität Münster anerkannt. Die meisten Domherren waren Subdiakone, hatten damit Sitz und Stimme im Kapitel, behielten trotzdem die Möglichkeit, wieder laisiert zu werden, falls sich ihnen eine andere Laufbahn eröffnete. Maximilian von Droste-Hülshoff, der Komponist, Annette Drostes Onkel, war Domherr von 1782 an, als er zugleich sein Studium in Münster begann, bis zu seiner Heirat 1788.

Ohnehin versahen die zum Domstift gehörenden Vikare für die Domherren den Gottesdienst in der Kathedralkirche, es sei denn, es war Sonntag und der Domkapitular war selbst Priester – und hielt sich nicht gerade, wenn er noch andere Präbenden besaß, in Osnabrück, Paderborn, Minden, Hildesheim auf. Mit seinem Vikar gemeinsam erfüllte der Domherr die Bedingung, an die der Apostel Paulus gemahnt: «Also hat der Herr befohlen, daß, die das Evangelium verkündigen, sollen sich vom

Das Fürstbistum Münster war «einer der größeren und reicheren geistlichen Staaten Deutschlands» (Historisch-politische Blätter für das katholische Deutschland, 1878).

Evangelium nähren.» (1 Kor 9,14) Auf das Evangelium leistete der Domherr auch den Eid. Wie die geistlichen waren die weltlichen Positionen im Staat meistens doppelt besetzt: für die vorderständischen Amtsinhaber, denen das Fachwissen und die Bereitschaft zu kontinuierlicher Arbeit fehlten, erledigten bürgerliche Beamte die Geschäfte. Nach demselben Muster entlastete in der Grundherrschaft der Rentmeister den Grundherrn.[8] Zwar galt der Domkapitular und Subdiakon Franz von Fürstenberg – Minister bis 1780, danach immer noch Generalvikar (mit

16

den Aufgaben eines Unterrichtsministers und Kurators der Universität), zeitweise Kapitularvikar, ferner Domkapitular zu Paderborn, Propst von St. Martini und Archidiakon «aufm Dreen» bis 1793, Domkantor und Archidiakon zu Albersloh seit 1794 – zwar galt er, der nicht bloß Ämter hatte, sondern arbeitete und von seiner Arbeit etwas verstand, als öffentliches Vorbild, aber wer hätte ihm schon nacheifern wollen. Arbeitsfreiheit bewahrte vor den alltäglichen Mißerfolgen. Das Sprichwort kannten jedoch alle: «Unterm Krummstab ist gut wohnen.»

Zum «Vielregieren» kam es, als das Hochstift aufgehoben wurde: die Hauptstadt und das östliche Münsterland fielen an Preußen zur Entschädigung für die linksrheinischen Gebiete, die im Frieden von Lunéville zu Frankreich kamen. Für den münsterischen Adel bedeutete die Säkularisation das Ende seiner ständischen Mitregentschaft, den Verlust der kirchlichen Ämter, Einkünfte und Versorgungsanstalten. Als ein Jahr nach der preußischen Besetzung «die Thore und Schilderhäuser […] schwarz und weiß gefärbet» wurden (L 18), sah man in Münster, wie im «Reichsdeputationshauptschluß» über das Land endgültig befunden worden war. Der neue Landesherr des preußischen «Erbfürstenthums Münster» hieß hier bloß der «lutherske Küenink»; seine Beamten nannten sie «dat prüüske Volk», die Offiziere «prüüske Windbüüls». (B 1,121 f.) Verwundert waren die nach Münster versetzten Beamten nicht allein über die Sprache der Münsterländer und der Stadtmünsterer, genauso über das Erscheinungsbild der Hauptstadt mit ihren knapp 14 000 «Bürgern», «Einwohnern» und Soldaten. «In dieser häßlichen, schmutzigen Stadt sollen wir künftig leben?» Das waren, erinnerte sich Karl Berghaus, die ersten Worte seiner Mutter, als die Wagen der Familie in Münster ankamen. Und unter Tränen rief sie: «O, unser liebes, hübsches, reinliches Cleve!» Trost wußte der Vater: «Siehe da den hohen, massigen Kirchthurm [von Liebfrauen-Überwasser]; eine Stadt, die so stattliche Kirchengebäude besitzt, kann im Innern auch nicht anders als schön sein.» (B 1,113)

Münster litt unter der Einquartierung. «Die Namen der Mannschaften […] waren auf den Hausthüren mit Kreide geschrieben»; Unteroffiziere liefen «die ganze Nacht auf Straßen und in Gassen» umher, riefen die Namen «mit lauter, oft brüllender Stimme» aus. (B 1,238) Der Alte Dom, die Gymnasialkirche St. Petri und die Jakobikirche auf dem Domhof wurden beschlagnahmt und fortan als Magazine genutzt; aus dem Minoritenkloster machten die «Ketzer» eine Kaserne; die Minoritenkirche wandelten sie gar in eine «lutherske Kiärke» um. Dort hingen nun keine Bilder mehr, die Wände waren geweißt, die Kirchenbänke «mit Oelfarbe weiß angestrichen», und merkwürdige Emporen waren eingebaut worden, welche «Einrichtung auf die Ständeverschiedenheit be-

Münster, Prinzipalmarkt. Kupferstich von Jacques Christophe Savin, um 1816. – «Et gieft men een Mönster!» (Münsterisches Sprichwort; 9,67)

rechnet zu sein» schien, «da die Stühle dieser Emporkirchen von den Vornehmen, die Bänke im Unterraum aber von den Gemeinen besetzt wurden» (B 1,126 f.) – wie im Theater. Ein besonderes Ärgernis stellte die Parade dar, von den Preußen jeden Sonntag auf dem Prinzipalmarkt abgehalten, zwischen 11 und 12 Uhr nach Beendigung des evangelischen Gottesdienstes, wenn in St. Lamberti noch das Hochamt andauerte. So konnte es nicht verwundern, daß die französischen Truppen, die nach der Schlacht bei Jena und Auerstedt 1806 die Preußen in Münster ablösten, wie eine Befreiungsarmee empfangen wurden. «Dat sind doch no Lü, well met us in Eene Kiärke gaoht» (B 2,117), so sagte man im «westfälischen Rom» (HT 31), das manchmal nur das «westfälische Köln» war.[9] Die hohe Geistlichkeit und der Adel arrangierten sich schon deshalb lieber mit der französischen als mit der preußischen Fremdherrschaft, weil sie sich eine Wiederherstellung der altmünsterischen Verhältnisse ausrechneten. Das preußische Schwarz-Weiß durfte denn auch ersetzt werden, allerdings nicht durch das münsterische Gold-Rot-Silber, sondern durch das Rot der französischen Festungswerke.[10] Währenddem trugen die hohen Beamten der Regierung weiter ihre Dienstuniform; nur die preußischen Wappenknöpfe mußten mit «glatten» vertauscht werden. (HT 39)

Die Einquartierungen nahmen nicht ab. Und viel stärker betrieb die französische Regierung die erst eingeleitete Vermögenssäkularisation;

an einem und demselben Tag im Dezember 1811 wurden «alle Capitel, das hochwürdige Domkapitel nicht ausgenommen, wie auch Hochadlichen und freyweltlichen Stifter und Klöster» aufgehoben. Nicht überall in Münster hörte man Klagen über die Maßnahme: Handwerker und Kaufleute verzeichneten Konjunktur, denn die Mönche, die sich in der Stadt niederließen, brauchten Möbel und Kleidung. Und «die Barmherzigen», die das Clemenshospital unterhielten, durften ja «nach abgelegtem Habit bleiben». (L 27 f.) Aber dann sollte die Lambertikirche abgebrochen, der Kirchhof in einen Napoleonsplatz umgewandelt werden. Undenkbar für einen Stadtmünsterer: «sein liebes Münster» ohne den «Lambertthurm».[11]

Napoleon warf das Land «wie einen Ball bald sich, bald andern zu».[12] 1808 verfügte er den Anschluß des Oberstifts, des südlichen Bistumsteils, an das Großherzogtum Berg; zwei Jahre später gliederte er den größten Teil des Bistums mit der Hauptstadt in das Kaiserreich Frankreich ein, und aus «Münster in Westphalen» war plötzlich «Münster in Frankreich» geworden. Auf dem Domhof wurde die Guillotine errichtet; «das Militair exercirte an Sonn- und Feiertagen, auch aufm Domhofe, auch während des Gottesdienstes». Die Lebensart hatte sich gründlich verändert: «das Frauenzimmer» fing «häufig an auf das Eis mit Schlittschuhen zu jagen», und «die Mannspersonen sind mit Brillen auf der Nase über die Straßen gegangen», selbst «wenn sie nichts zu lesen hatten. [...] Die Chaussé wurde gemacht und so, daß so viel möglich von einem Orte zum andern der geradeste Weg gewählt ward [...]. Das Schönste unter französischer Regierung [...] war die Sicherheit und ungestörte Ruhe auf Wege und Landstraßen, welche durch Gens d'armes befördert wurde». 1811 aber grassierte die Rote Ruhr; «das Todtengeläut» wurde «eingestellt [...], um den Schwerlichkranken nicht zu erschrecken», und wo Sterbenden die heilige Kommunion gebracht wurde, durfte der Meßdiener nicht schellen. (L 25 f.,30,41 f.,43)

Bis 1813 dauerte die «Franzosenzeit» Münsters, bis zur Schlacht von Leipzig, danach besetzten Truppen der Alliierten das Land. Die Einquartierungen wurden jetzt noch drückender. In Hülshoff waren es mal Preußen, mal Kosaken und Russen, Sachsen und Mecklenburger, Schweden und Dänen. Man lebte «wie im Lager», schrieb Annette Drostes Schwester Jenny in ihr Tagebuch. (T 1,91) In der Stadt brach der Typhus aus, «täglich wurden die Toten auf Karren nach Ueberwassers Kirchhof» vor dem Neuen Tor «gefahren und dort in große Gruben eingescharrt».[13] Wohl hatte sich beim Volk die Prophezeiung gehalten, daß der noch 1801 gewählte Fürstbischof, Anton Victor Erzherzog von Österreich, ein Bruder des Kaisers, endlich das Land regieren werde; aber in einer anderen Prophezeiung hieß es auch, das Eigentum werde abgeschafft[14], und daran glaubte doch niemand. So verbreitete sich allmählich die Einsicht, daß mit einer Wiederaufrichtung der stiftischen Länder nicht mehr zu rechnen sei, und die Hoffnung auf eine bessere Zukunft verband sich bald mit einem preußischen Münster. Die gesellschaftliche Grundlage der neuen Zeit – Kapital statt Stammbaum – existierte in Ansätzen schon: was die hohe Geistlichkeit, also der Adel durch die Säkularisation an Pfründen in kirchlichem Besitz verloren hatte, konnten Bürger, Bauern und Pächter als Eigentum vom Staat erwerben. Darum hörte man in Münster mehr Zustimmung, weniger Kritik, als der Wiener Kongreß 1815 Westfalen dem Königreich Preußen zuordnete. Die «Provinz Westphalen» wurde gebildet und Münster, ihre weitaus größte Stadt mit nunmehr 17000 Einwohnern (einschließlich des Militärs), zur Hauptstadt erklärt.

Nur einmal kam es zu offenem Widerstand gegen die Preußen, 1837, als der Erzbischof von Köln, früher Generalvikar, Kapitularvikar, zuletzt Weihbischof in Münster, Clemens August von Droste-Vischering, im Zusammenhang mit dem Kölner Kirchenstreit um den Hermesianismus und die Mischehenpraxis seines Amtes enthoben und verhaftet wurde. *«Vivat Clemens August! nieder mit den Preußen!»* riefen die Bürger, die aus *der geringern und Mittelklasse*, und warfen Steine gegen das Militär. (8,292 f.) Der Adel entschloß sich, *bis zur Beendigung der harten kirchlichen Lage, nicht die kleinste Lustbarkeit anzustellen oder mitzumachen,* und blieb *auf dem Lande.* (9,13) Im Bericht eines preußischen Offiziers über die «Münstersche Revolution» hieß es, «der einzige Zweck der Unzufriedenheit» habe darin bestanden, «durch eine Unordnung der Staatsregierung beizubringen, dem hiesigen Volke gehe sein Adel und die Geistlichkeit über Alles».[15] Später las man im Roman «Die Ritterbürtigen» von Levin Schücking: Wie hatte nicht der «Einfluß» des Adels «sich gehoben», seitdem er «in dem kölnischen Zerwürfnisse […] die p o p u l a i r e Meinung» des Landes vertrat.[16] Das Gefühl, in einer Gemeinschaft zu leben und trotzdem in wohlgeordneter Hierarchie, hatten sie alle nur in der Kirche; wenige Tage, bevor im Dezember 1845 Annette Drostes Onkel Friedrich von Haxthausen in Münster starb, nahm an der Neuntägigen Andacht, die für ihn gehalten wurde, *fast Alles* teil, *was vom Adel in Münster* war, dazu *viele vom Bürgerstande, – Herrschaften und Domestiquen.* (10,338)

1808, als aus Münster 98 Männer zur großherzoglich-bergischen Armee eingezogen wurden, als es in den angrenzenden Staaten zu vermehrten Rekrutenaushebungen kam und in deren Folge zu Bauernunruhen, verfaßte Annette Droste das *Lied eines Soldaten in der Ferne*. Noch wurde eine Vorlage umgeschrieben, die künstlerischen Mittel waren zusammengeborgt, die «Westphälischen Vorgeschichten», die ihr Vater gesammelt hatte, sagten die Erfahrungen voraus. *Trautere Heymath des besten der Väter / Jetzt so entfernt von dem liebenden Sohne / Wo ich bey kindischen Spielen so froh war / Seh ich! ach seh ich dich nimmermehr wieder // Jahre auf Jahre sind ja schon verflossen / Seit ich die Heymath der Eltern verlassen / Doch zu vergessen unmöglich dem Herzen / Das nur die stillere Einigkeit liebt // Jetzt wo im wildern Zeitengetümmel, / Kriege auf Kriege und Schlachten sich häufen / Gerne jetzt kehrt ich zur Heymath der Trauten / Gerne jetzt kehrt ich zum Vater zurück // Aber die Pflicht ist's des kriegrischen Lebens / Immer zu bleiben im offenen Felde / Siegend zu leben in siegender Hoffnung / Siegend zu leben und siegend zu sterben // Drum nur ermuntert was hilft mir das Sorgen / Nimmer gelang ich zum liebenden Ziele / Immer im kriegrischen Stande zu bleiben / Ist meine Pflicht und ist mir Geboth.* Das Gedicht schildert 1808 keinen Traum vom Frieden nach den Kriegshandlungen, sondern den Alptraum eines anhaltenden Kriegs. Darin ist es geradezu die Kontrafaktur des bei Salis-Seewis im «Lied eines Landmanns in der Fremde» Angelesenen, durch die Vertonung von Vincenzo Righini vertraut Gewordenen. Und der neue Text zeigt den Krieg als Gewalt gegen den einzelnen. Ziemliche Mühe hatte die Verfasserin, die metrische und strophische Vorgabe auszufüllen mit Wiederholungen, Ellipsen, Parallelismen; an einer Stelle – im fünften Vers – blieb die metrische Betonung gar auffällig falsch; der absolute Komparativ – *trautere, stillere, wildern* – war das Mittel zur Ausdruckssteigerung nach dem Vorbild Klopstocks. Von dem hatte Annette Droste jedoch auch die reimlosen Verse gelernt, und die Geminationen – *Jahre auf Jahre, Kriege auf Kriege* – verraten keine Unbeholfenheit der allzu jungen Dichterin mehr. Die Stilfiguren haben jetzt eine geschichtliche Bedeutung: das Elend wird dauern. Die Tugenden des christlichen und bürgerlichen Zeitalters sind dann, ablesbar an der *Pflicht [...] des kriegrischen Lebens*, Reduktionen des Individuellen auf fremde Zwecke, und die *Hoffnung*, die wieder im Parallelismus abgebildet ist: *Siegend zu leben in siegender Hoffnung / Siegend zu leben und siegend zu sterben*, diese Hoffnung verliert, sichtbar in der Versstellung, ihre Position an das Sterben.

Welches die Ursache des Verkehrten in der Welt sei, das steht nicht im Gedicht, das wußte seine Verfasserin nicht. 1808 war für sie dies Verkehrte plötzlich da im Münsterland, und während die Historiker die Geschichte von oben schrieben, die Adligen den Offiziersberuf ausübten wie Annette Drostes Onkel Friedrich Wilhelm von Haxthausen in Diensten Jérômes, des in Kassel residierenden Königs von Westphalen, ist in den Text die Erfahrung eingegangen, die vom Krieg Betroffene machen. Dem Unterleutnant Haxthausen schrieb Annette Droste etwa zur selben Zeit, als das *Lied eines Soldaten in der Ferne* entstand, ein Gedicht

(Freundlicher Morgen der jedes der Herzen) in den fernen und fremden Krieg hinterher; aber das war dann bloß ein Rollengedicht, in dem der Abwesende sprach wie in einem gekürzten Text von Salis-Seewis.

Aus Bildung und Erfahrung, in der Orientierung an literarischen Mustern ist mit dem *Lied eines Soldaten in der Ferne* Literatur als ästhetische Form entstanden. Das nötige ‹Handwerkszeug› erhielt Annette Droste zunächst von ihrer Mutter, die bei wichtigen Anlässen, besonders wenn in der Verwandtschaft jemand Namenstag hatte, selber Gedichte in Hexametern oder in Distichen verfaßte – die Hexameter nicht nach den strengen Vossischen Regeln gebildet, sondern nach Stolbergs Vorbild, mit Zäsuren häufig nach dem dritten, sogar nach dem vierten ‹Trochäus›. Dann kam 1807 als Hofmeister («Informator») Bernhard Wenzelo nach Hülshoff; nachdem er im Februar die Priesterweihe empfangen hatte, trat er seine Stelle im Spätsommer an. Er brachte Annette Droste das Verseschreiben bei wie nachher den Lateinschülern des Gymnasiums Paulinum. Schon als Zwölfjährige konnte Annette Droste in Hexametern dichten – und bei den Zäsuren machte sie weniger ‹Fehler› als ihre Mutter. Wie die meisten ihrer Standesgenossen hatten die Droste-Hülshoffs lange gezögert, einen Lehrer anzustellen. «Ist der Hofmeister einmahl da», überlegte Therese Droste, «so mus alles dran, und wenn Annette die ohnehin den Kopf immer voll hat, mehr angegriffen wird, so schnappt sie über». (G 31) Der Lehrer wurde immerhin für alle Hülshoffer Kinder angestellt, nicht bloß für die Jungen (die später freilich aufs Gymnasium gingen). Ferdinandine von Haxthausen, Therese Drostes Stiefschwester, empfahl Zurückhaltung in der Ausbildung; sie berichtete nach Hülshoff, daß Werner von Haxthausen, ihr Bruder, für Annette «die Erlernung der Musick g a n z» mißrate. (G 36)

Indes mußte sich das literarische Talent des Mädchens herumgesprochen haben, denn bereits im März 1809 bot ihr Friedrich Raßmann – natürlich vergebens – die Mitarbeit an seinem poetischen Taschenbuch «Mimigardia» an. Herumgesprochen hatte sich ein Jahr danach auch, daß Annette Droste bei einer Theateraufführung im Stift Hohenholte mitgespielt hatte. Friedrich Leopold Graf zu Stolberg – früher der Erzieher Werner von Haxthausens – sah sich veranlaßt, an Therese Droste einen ermahnenden Brief zu schicken: «Ich habe gehört», hielt er ihr vor, «daß Fräulein Nette in gesellschaftlichen Kreisen Komödie spiele». «Das bloße V o r - s t e l l e n» sei besonders für Mädchen und erst recht für diejenigen unter ihnen «schädlich, welche gereizte Nerven und einen phantastischen Schwung des Geistes» hätten; sie lebten «fortan in einer idealischen Welt [...], deren dereinstige Realisierung sie sich als erwünscht bei Tag und bei Nacht» ausmalten[17] – schrieb derselbe Stolberg, der am Pfingstsonntag des Jahres 1800 in der Hauskapelle der Fürstin Amalia von Gallitzin auf der Grünen Stege vor dem Beichtvater und Seelenführer der Fürstin, Bernard Overberg, das katholische Glaubensbekenntnis abgelegt hatte; dem später Johann Heinrich Voß in der Schrift «Wie ward Friz Stolberg ein Unfreier?» zu erklären versuchte, warum Dichter Protestierende seien. Aber der Protestant, der im Garten der Fürstin sein Grab gefunden hatte, in der Stadt ohne einen evangelischen Friedhof, war auch niemand anders als der «Magus in Norden», Johann Georg Hamann.

Selbstverständlich wurde der Unterricht in Hülshoff beaufsichtigt, und als Therese Droste einmal Werke von Schiller bei ihrer Tochter fand – da war diese immerhin fast sechzehn –, nahm sie ihr das Buch weg, weil sie es vorher selber gelesen haben wollte, und fortan kontrollierte sie, was der Lehrer, Caspar Anton Theodor Weydemeyer jetzt, ihrer Tochter zur Lektüre gab. Welche Fremdsprachen sie in der häuslichen Schule lernte, erzählte Annette Droste später Christoph Bernhard Schlüter: *Ich kann elendiglich wenig Griechisch! [...] – Latein können Sie mir immer schicken. – Französisch natürlich auch [...]. – Holländisch werden Sie mir nicht schicken, sonst Das verstehe ich auch. – Italiänisch und Englisch? schlecht! schlecht! – doch Letzteres etwas besser. – Ich habe in beyden Sprachen keinen Unterricht erhalten, sondern mir nur selbst so ein wenig zurecht geholfen.* (10,404 f.) Die Erziehung erschien ihr bloß als eine natürliche Fortsetzung dessen, wohinein sie geboren war, so daß sie sich nicht vorstellen konnte, es gäbe tatsächlich einen *Menschen*, der *durch Ausbildung, seinem früheren Geschmacke wahrhaft entsagt* hätte. (8,166) Mit in den Genuß der Hülshoffer Erziehung kamen Kinder von Verwandten oder Bekannten, und Annette Droste war bald selber die Lehrerin, auch später immer wieder, wie es ihr dann als unverheirateter Tante zufiel.

Sonst verlief das Leben damals in Hülshoff nach dem beim (katholischen) Landadel üblichen Muster. Die Kinder, schrieb Therese Droste 1803, «lernen braf und sind ihre unachtsamkeit abgerechnet zimlich Gehorsam, artig sind sie gar nicht, rufen, specktackeln, laufen, thüren loß lassen, am Tisch singen, und den ganzen Tag aus vollen Halse jubeln, dies ist ihr tägliches Brod, dahingegen haben sie keinen haubtsächlichen Fehler wie Neugierde und Geschwätzigkeit, sie lügen nicht, respectiren im strengsten Sinne des Worts ihr gegenseitiges, und jedermanns Eigenthum». (G 31) Das Betragen ihrer Kinder beurteilte Therese Droste nach dem Overbergschen Katalog für die «Schulzucht»: «Gehorsam» – «Ordnung und Stille» (hier nicht erreichbar) – «Fleiß» – «Reinlichkeit» (war selbstverständlich) – «Schamhaftigkeit» (darüber sprach man aber nicht) – «Gefällig- und Dienstfertigkeit» (gehörten nicht zu den Standestugenden) – «Höflichkeit» – «kein Lügen» – «kein Erzählen allerley Neuigkeiten». Mit dem Lob für die Kinder, besonders für die begabten, gingen die Droste-Hülshoffs so sparsam um, wie es in den Unterschichten selbstverständlich war; sie folgten aber dem allgemeinen pädagogischen Grundsatz Overbergs: «Lobet kein Kind seiner vorzüglichen Fähigkeiten wegen».[18]

An keinem Sonntag oder gebotenen Feiertag durfte man die Heilige Messe versäumen und hörte sie ziemlich regelmäßig auch an den Werktagen. Die Messe wurde in Hülshoff gelesen, morgens kurz nach sieben im Kapellenzimmer; sogar die Sakramente konnten in Hülshoff empfangen werden. Nur für die «veer Hochtieden», die vier ‹Hochzeiten› Weihnachten, Ostern, Pfingsten, Mariä Himmelfahrt, und für das Fest des hl. Pantaleon, des Patrons der Roxeler Pfarrkirche, wäre für die Meßfeier in Hülshoff eine besondere Erlaubnis erforderlich gewesen. Doch gingen die Droste-Hülshoffs an den hohen Festen ohnehin nach Roxel zur Messe, zudem oft an Sonntagen, auch montags, und sonntags zur Abenddacht. Die Glocken von St. Pantaleon konnten sie in Hülshoff noch hören, und sie hatten ja ihre hervorgehobene Kirchenbank. Schließlich kam Annette Droste nach Roxel zum Orgelspielen, vertrat sogar ab und zu den Organisten. Wie für Hülshoff gab es für Rüschhaus ein Privileg zur Feier der Heiligen Messe, die im *Gartensaal*[19] an dessen Klappaltar zelebriert wurde. Seit die verwitwete Therese Droste mit ihren Töchtern in Rüschhaus wohnte, kam der Hülshoffer Vikar Kaspar Wilmsen eine Zeitlang jeden Tag, für gewöhnlich aber samstags herüber und las dann sonntags früh die Messe, es sei denn, es war Winter und Wilmsen schaffte, als er schon älter war, die Strecke nicht mehr bei dem schlechten Wetter und den *grundlosen Wegen*. (9,138) Morgengebet, Abendgebet (mit Fürbitten), die Tischgebete waren eine gewohnte Übung. Ohne nicht wenigstens das Kreuzzeichen gemacht zu haben, konnte man gar nicht essen. Selbst wenn Annette Droste bei Evangelischen zu Gast war, begann und beendete sie das Tischgebet mit dem Kreuzzeichen, betete obendrein länger, darin war sie gut katholisch. Hingegen teilten die Droste-Hülshoffs keineswegs die Andächtigkeit vor Anna Catharina Emmerick in Dülmen, die, wie Clemens Brentano beobachtete, «Jesus Christus [...] mit seinen Wunden körperlich versiegelt» hatte.[20] Daß sie einmal in Albachten eine Stigmatisierte besuchten, an einem Sonntag im Juni 1813, hatte mehr mit Neugier zu tun, und Albachten gehörte damals zur «Mairie» Roxel, deren «Maire» Clemens August von Droste-Hülshoff war. Als freilich 1844 in Trier der Heilige Rock ausgestellt war und die Kirche eine Massenwallfahrt organisieren konnte, schien die außerordentliche *Begebenheit* Annette Droste zum Glauben hinzuführen, allerdings mehr an die Kirche, weniger an das Wunder, nachdem Johanna von Droste-Vischering ihre Krücken in Trier zurückgelassen hatte, das *krumme Knie ganz grade* geworden war, sie aber nachher stark hinkte,

Kaspar Wilmsen (1769–1841). Zeichnung von Johannes Sprick, um 1829. – «Gab
es auf einem Schulzenhofe oder in einer Colonen-Familie viele Söhne, so mußte
wenigstens einer derselben Geistlicher werden. Klang es im Ohre einer Mutter
doch wie Sphärenmusik, wenn sie von einem ihrer Söhne sagen konnte: mein
Sohn, der Herr Kaplan, oder mein Sohn, der Herr Pastor. Nur die Geistlichen bekamen das Prädicat Herr.» (B 2,153 f.)

Schlittschuhläufer. Zeichnung von Annette von Droste-Hülshoff. – «Wir haben doch zum Schmause genung / Von des Halmes Frucht? und Freuden des Weins? / Winterluft reizt die Begier nach dem Mahl; / Flügel am Fuß reizen sie mehr!» (Friedrich Gottlieb Klopstock, Der Eislauf, 1771)

weil *der eine Fuß* sich *jetzt als bedeutend kürzer als der andre* erwies. (10,217)

   Hülshoffer Beschäftigungen waren im Sommer Reiten, im Winter Schlittenfahren und Eislaufen auf der Gräfte; Blindekuh wurde gespielt und «Kämmerchen vermieten»; man versuchte sich im Ausschneiden, im Sticken, später, weil das nicht so mühsam war, im *Sametmahlen* (8,57), manchmal im Spinnen, Stricken, Häkeln. Jenny und Annette Droste stickten 1823 die Fahne der Roxeler Junggesellen-Schützenbruderschaft. Vor allem aber zeichneten sie – unter Anleitung eines Lehrers; es wurde viel gesungen, viel Klavier gespielt – das lernten die Mädchen beim Hohenholter Organisten Joseph Wilhelm Ketteler; Verkleiden war beliebt, zu Fastnacht besonders; dann das Tanzen – im Stift Hohenholte, auf den Hochzeiten bei den Bauern in der Umgebung, in Hülshoff zu Ostern und zu Michaelis; abends wurde im Familienkreis Karten gespielt oder vorgelesen. Therese Droste bevorzugte Texte von Stolberg («Geschichte der Religion Jesu Christi»), Voß («Luise»), Kosegarten («Jucunde»), Lindau («Heliodora»); sie las auch vor aus Werken von E. T. A. Hoffmann und Tieck, aus Cervantes' «Don Quichote» in Tiecks Übersetzung, aus Stükken von Shakespeare, aus Schillers «Jungfrau von Orleans» (drei Monate nachdem sie ihrer Tochter Annette den Schiller weggenommen hatte), aus Ifflands «ländlichem Sittengemählde» «Die Jäger» – und sonntags aus Klopstocks «Messias»: Klopstock war «der unsterbliche Dichter, der treffliche Mann [...], den ohne Roms Heiligsprechung die Welt heilig sprach».[21] In solcher Weise gehörte die Literatur zum Leben. In Hülshoff dann auch mit Annettes Kinderversen, welche die Mutter aufschrieb: *wir fangen schon zu schwitzen an, / Kom wernergen du kleiner Mann / man kan dirs schon ansehen, / daß es den Winden nicht gefällt zu wehen.* (MA X,12,1) Literatur zum Hausgebrauch, zum Zeitvertreib waren später die Scherzspiele *Das Räthsel* und *Scenen aus Hülshoff.*

Zur Beschäftigung sammelte man vor allem; Annette Droste ging bald, wenn sie in Münster war, «von Antiquar zu Antiquar [...], um ihre Sammlungen zu vervollständigen» (R 123), und die Verwandten trugen dazu bei mit Geschenken zu Weihnachten oder zum Namenstag am Fest der hl. Elisabeth von Thüringen. In einer Art Bestandsaufnahme hat Annette Droste einmal aufgezählt: *Mineralien, Versteinerungen, Muscheln, römische Münzen, geschnittene Steine, Pasten, geschliffene Edel- und Halb-Edelsteine, geschnitzelte Sachen in Elfenbein Holz et cet, auch allerley, meistens kleine, alte Kupferstiche, – ausgegrabne Urnen, Lampen et cet.* (8,163) An den Gegenständen, besonders den Steinen, kristallisierten die Erinnerungen. Einzig Bücher kaufte sie nicht, es gab ja die Bibliothek von Hülshoff und in Münster die Leihbüchereien. Wohl sammelte sie später Handschriften – und tauschte sie wie die Münzen. Schließlich zählte noch zu ihren Beschäftigungen das Spielen auf der Mundharmonika, dem damals neuen Instrument, das man auf Reisen mitnehmen konnte.

Natürlich hatten sie viel Besuch in Hülshoff, aus der großen Verwandtschaft und von den zahlreichen Bekannten. Am häufigsten kamen Maximilian von Droste-Hülshoff sowie die Familien von Droste-Stapel und von Twickel; ziemlich oft der Professor für Kirchengeschichte und spätere Domkapitular Theodor Katerkamp; der «Lehrer der Lehrer», Bernard Overberg; Pastor Karl Benedikt Jürgens und Kaplan Karl Lütkenhaus aus Roxel; der Dogmatikprofessor Georg Hermes, in dessen Theologie bald der Zweifel Prüfstein der Erkenntnis und des Glaubens wurde; die Stiftsdamen von Hohenholte, Nottuln und Freckenhorst; manchmal Pastor Ferdinand Baum aus Nienberge, dann sein Nachfolger Matthias Heilmann; die Fürstin Gallitzin und Graf Stolberg; Clemens von Bönninghausen, Jurist, nachher Homöopath und Annette Drostes Arzt; Anton Mathias Sprickmann, Professor der «deutschen Reichsgeschichte, auch des deutschen Staats- und Lehnrechts» an der Universität Münster. Nicht selten blieben die Gäste mehrere Tage oder noch länger. Die größte Anzahl von Besuchern verzeichnete Hülshoff, wenn Clemens

Freckenhorst. Lithographie von Romen, 1851/52. – «Der Hof war groß und von den Häusern der Stiftsdamen umschlossen [...]. Nur die Abtei hatte auch einen Balkon [...]. Hinter ihr sah man die drei spitzen Thürme und die Giebel der Abteikirche sich emporheben.» (Levin Schücking, Das Stifts-Fräulein. Ein Roman, 1843)

August Droste Namenstag feierte; der Namenstag Therese Drostes wurde jedesmal zum herausgehobenen Familienfest.

Und die Droste-Hülshoffs machten ihre Gegenbesuche, besonders oft im Stift Hohenholte, wo Annette Drostes ältere Schwester Jenny eine Präbende besaß, die sie 1811 antrat, für ein knappes Jahr bis zur Aufhebung des Stifts (die Einkünfte behielt sie sogar danach); häufig gingen die Droste-Hülshoffs nach Freckenhorst, wo Annette Drostes Mutter bis zu ihrer Heirat Stiftsdame gewesen war und wo bis 1804 die Großtante Wilhelmine von Haxthausen lebte, seit 1802 die Tante Caroline von Haxthausen; manchmal ins Stift Metelen, wo bis 1805 die Großtante und Taufpatin Anna Elisabeth von Droste-Hülshoff Äbtissin war; wenn sie nach Coesfeld fuhren, besuchten sie den Onkel Maximilian von Droste-Hülshoff und den Großonkel Ferdinand von Droste-Hülshoff, den Dechanten dort. Sie machten Spaziergänge zur Mühle an der Aa, kleine Ausflüge zu den Köttern und Bauern in der Umgebung, auch zum Beispiel, wenn die jährliche «Hagelfeier» war auf einem der großen Höfe. (T 1,84) Gelegentlich besuchte Annette Droste ihre Patenkinder: Anna Elisabeth und Marianne Elisabeth Bäumer, Töchter des Tagelöhners Johann Heinrich Bäumer, Werner Adolph Hölscher, Sohn des Kötters Johann Bernhard Hölscher, nachher noch Marie Sprick, Tochter des Malers Johannes Sprick. (Und ihr fünftes Patenkind wurde schließlich ihre Nichte Elisabeth von Droste-Hülshoff.) Wallfahrten unternahm man zur Schmerzhaften Mutter nach Telgte, besonders an Mariä Geburt. Und immer wieder fuhren die Droste-Hülshoffs nach Münster, in der Osterwoche waren sie häufig dort, schon in der Karwoche. In der Überwasserkirche gingen sie dann den Kreuzweg; am Karfreitag besuchten sie den Dom, es wurde ja die Johannespassion gesungen. Um zu beichten, fuhren sie nach Roxel oder nach Münster; nach Roxel ohnedies am 3. Februar, wenn der Blasiussegen ausgeteilt wurde; am 2. August, um den Portiuncula-Ablaß zu gewinnen; am 2. November, wenn der Toties-quoties-Ablaß – wie auch am Portiuncula-Tag – den armen Seelen im Fegefeuer, den Abgestorbenen unter den Verwandten, zugewendet werden konnte. Beim Send, dem münsterischen Jahrmarkt im Frühjahr, im Sommer, im Herbst, waren sie nahezu regelmäßig in der Stadt, außerdem am Montag vor dem Fest der hl. Margaretha, um die althergebrachte Große Prozession zu sehen. Sonst gingen sie manchmal ins Theater, zu Konzerten, Gesellschaften, Feierlichkeiten. Nicht zu vergessen die Spaziergänge *unterm Bogen [den Arkaden in der Stadt] oder auf dem Domhofe – Schloßgarten – Wall* (9,148), auf dem Wall besonders: «Reiset doch weit und breit, kaum findet ihr solchen Spaziergang, / Welcher dem hiesigen gleicht, Doppelalleen voll Nacht.»[22]

Die Droste-Hülshoffs zählten zu den in Münster mit Höfen angesesse-

Münster, Lindenstadt, Stadt der Türme. – Lithographie von Franz Alexander Borchel, um 1850.

Das Stadthaus der Familie Droste-Hülshoff in Münster, Krummer Timpen/Ecke Bäckergasse, Pfarrei Überwasser. Nach 1818 hatten die Droste-Hülshoffs in Münster eine gemietete Wohnung, zunächst auf dem Alten Steinweg, seit 1837 in der Salzstraße. – «Im Winter wird die ländliche Zurückgezogenheit auf einige Zeit mit der Stadt vertauscht, man geht nach Münster und läßt die erwachsenen Töchter die Freuden der Jugend genießen.» (Elise Rüdiger, 1854; R 175)

nen Familien, hatten also ein Stadthaus, und wie Annette Droste älter wurde, hielt sie sich noch öfter in Münster auf, besuchte die Bälle im Schloß, seit sie mit Wilhelmine von Thielmann näher bekannt war – der Kommandierende General von Thielmann und der Oberpräsident von Vincke amtierten, wohnten in der vormals fürstbischöflichen Residenz. Später, von Rüschhaus aus, machte Annette Droste häufig Besuche bei Professor Katerkamp, bei der Familie von Landsberg, der Herzogin Charlotte von Looz-Corswarem, bei Sophie von Fürstenberg, bei Christoph Bernhard Schlüter, dem blinden Philosophiedozenten ohne Anstellung, den sie immer Professor nannte. Im Frühling schickte sie ihm die ersten Veilchen und dann die Blüten des Gewürzstrauchs aus dem Rüschhausgarten. Über einen ihrer Besuche steht in Schlüters Tagebuch: «Frl v Droste u Frau Rüdiger [ihre Freundin] ließen sich im Fluge blikken». (ST 6,117) Vor allem noch mußte aus den Leihbibliotheken der Lesestoff gegen die Langeweile im Hülshoffer Winter besorgt werden, was nicht immer zur Zufriedenheit ausfiel, weil in Münster *so wenig Neues* angeschafft wurde und die Droste-Hülshoffs nicht selten *das Beste schon herausgelesen* hatten. (8,30) Dann konnten die Tage verlaufen, wie Ludowine von Haxthausen sie miterlebte: «Nette [...] spielt uns zu gefalen oft den ganzen Tag am Flügel, läuft einen Tag in Wind und Wetter Spaziren und liegt dafür den ganzen Tag krum zu Bett; schreibt und liest sich einen Tag Blind; und darf dann wieder 3 Wochen kein Buch ansehen.» (G 104) Aus der Theissingschen Leihbücherei konnten aber zum Beispiel auch entliehen werden: «Die Leidenschaften, eine Reihe dramat. Gemälde nach dem Engl. von Johanna Baillie»[23], die Bände, welche *Anna von Thielen* in der *Speth*schen Buchhandlung kauft.

Im Laufe der Zeit, als die Reisen ausgedehnter wurden, ging es nicht selten, für Annette Droste zum erstenmal 1805, ins Paderbornische zu den Verwandten mütterlicherseits, besonders nach Abbenburg und Bökendorf, manchmal von dort aus weiter bis Kassel, wo die Grimms und die Hassenpflugs wohnten, die zu den *vornehmen Bürgern* gezählt wurden wie nachher die Schlüters. (10,224)

«Die Zerstreuungen eines sehr geselligen Landlebens», schrieb Elise Rüdiger, ließen Annette Droste «wenig Zeit zu Beschäftigungen mit der Feder». (R 111) Und Levin Schücking berichtete: «Trotz der Zurückgezogenheit, in welcher sie lebte, waren der dichterischen Production im Ganzen wenige Stunden ihres Lebens gewidmet.» (R 138) Viel gearbeitet an ihren Texten hat sie nicht; dazu war das Leben um sie herum allzu

Das münsterische Schloß, Gartenseite. Photographie von Friedrich Hundt, um 1860. – «Der Schloßgarten ist viel kleiner, aber sonst ebenso gut wie der Berliner Thiergarten.» (Luise Hensel an Hedwig von Stägemann, 11. Mai 1819)

bequem – und auch wieder zu unruhig, aber ihre Schwester sogar beklagte sich einmal: «Nette scheint wie der Dachs in ihrem Bette in Appenburg festzuliegen, [...] sie ist und bleibt eine faule Hexe». (G 227) Das Sammeln, mit dem sie die meiste Zeit zubrachte, war eine Freizeitbeschäftigung ohne Anstrengung, das Briefeschreiben und Briefelesen ergab die tägliche Kommunikation mit der Welt draußen, die *Ausschneidereyen* (10,248) eigneten sich als Geschenke. Und abends las sie die Bücher aus der Leihbibliothek, anstatt zu arbeiten. Also mußte sie sich von Schücking vorhalten lassen, daß ein paar Stunden für ein richtiges Gedicht nicht ausreichten; er ermahnte sie regelrecht, «mit mehr Muße die Sache» zu «überlegen», zu «wenden», zu «feilen». (12,13) Schreiben als Arbeit kam in Annette Drostes Kreisen kaum vor, wo Arbeitsfreiheit weitgehend die Realität bestimmte, die Vorstellung prägte. Annette Droste bildete da noch eine Ausnahme mit ihrer aufopfernden Krankenpflege und den Unterrichtsstunden.

1807 war Clemens August von Droste-Hülshoff zum «Maire» von Roxel bestellt worden; in Münster hatte es Clemens August von Ketteler noch abgelehnt, ein solches bürgerliches Amt zu übernehmen. Die neue Aufgabe des Familienhauptes bedeutete für Hülshoff eine spürbare Auswirkung der weltpolitischen Ereignisse. Mit der ausländischen Herrschaft kamen ins Münsterland die Vorstellungen von einem gänzlich anderen Gesellschaftsmodell, zu dessen Einführung 1808 die Eigenhörigkeit abgeschafft wurde: durch «entschädigungslose Aufhebung aller leibherrlichen Abhängigkeiten» und «Ablösbarkeit aller dinglich begründeten Lasten». Auch die Zünfte wurden aufgehoben, eine Patentsteuer garantierte von nun an Gewerbefreiheit.[24] Der Code Napoléon, Napoleons I. «bürgerliches Gesetzbuch», stellte Rechtsgleichheit her, führte dadurch zur Abschaffung der geburtsständischen Ordnung, also der Steuerfreiheit für Adel und hohe Geistlichkeit, des bevorzugten Gerichtsstands, der Ämterprivilegien, auch des Jagdrechts auf fremdem Boden, das allerdings von der nächsten preußischen Regierung wiederhergestellt wurde. Der Übergang von der feudalistischen Ständeordnung zur bürgerlichen Klassengesellschaft hatte jetzt wirklich eingesetzt.

Von den neuen Ideen geprägt ist ein Text Annette Drostes aus dem Jahr 1809 mit dem Titel *Der Abend*. (MA I,13) Zunächst versammelt das Gedicht noch einmal die Attribute, die ins 18. Jahrhundert gehören: *das Gute und Schöne*, die *unendliche Schöpfung* und den *größeren* Menschen, den silbernen Mond und die *Empfindung*. Dabei hat sich die im Zeichen der Säkularisation und der Selbstbestimmung entstandene Dimension von Gesellschaft längst verkleinert zu Besitztümern im Alltag, bis hin zu den *Küchensachen und Blumen*, die im eigenen Garten wachsen, so ein

Clemens August von Droste-Hülshoff (1760–1826). Gemälde, um 1830. – «Beim Empfang des Schreibens, worin ihm der Posten [Maire von Roxel] aufgenötigt wurde, sagte er kein Wort, sondern ging unverweilt in das Vogelzimmer, öffnete Käfige und Fenster und gab sämtlichen Lieblingen die Freiheit. Als man seinem Thun mit Befremden zusah, sagte er einfach: ‹Ich bin zum Maire ernannt und habe keine Zeit mehr für die Vögel.›» (K 21)

Vierteljahrhundert früher schon in der Idylle «Luise» von Voß beschrieben. Dieser Inhalt fügte sich in die erlernten Hexameter; doch dann wird – in Distichen, bei denen der Pentameter noch genausooft mißlingt, wie er gelingt – dasjenige als Gegenteil des Glücks benannt, was im Jargon das Glück im Kleinen hieß: *Sage wo wohnet das Glück*. Wird so die Frage gestellt, erscheint der bürgerliche Alltag als falsche Antwort, desgleichen die repräsentative Öffentlichkeit der feudalistischen Gesellschaft: *Wohnt es im goldnen Pallast/ Und wohnt es im fürstlichen Saal/ Ach da herrschet der Neid/ Da herrschen der Eifersucht Schrecken*. Die Vorstellung von *Freyheit und Gleichheit* ist nach Rousseau gebildet, auch von der ausländischen Revolution zurückbehalten als Maßstab für die heimischen Verhältnisse. Und das wörtliche Zitat erinnert an die dritte Forderung der Revolution – «Brüderlichkeit» –, die im Vers kurz davor umschrieben ist: *Wo Bruder den Bruder nicht liebt*. Standen Brot und Wein für das Gastmahl, zu dem alle geladen seien, für die Gemeinschaft, die endlich gestiftet wäre, erdacht inmitten der verteilten Welt gegen deren Ungleichheit, so wartet das Essen in dem Haus, welches vom Garten umschlossen ist, allein auf diejenigen, die dort ihren Platz schon haben. Und damit sie ihn allein behalten, wird er vor den anderen abgeschirmt. Mag sein, daß ein Ich, wie es *geschwind durch die Felder* eilt, geradezu auf der Flucht ist vor diesen anderen, Zuflucht suchend in den noch geordneten Verhältnissen: anstatt Freiheit durch Gleichheit gewinnen zu können, die Geborgenheit zu empfinden am angestammten Platz in der Hierarchie. Aber das Gedicht zeigt auch, daß «Freiheit, Gleichheit, Brüderlichkeit» nicht mehr herauszubringen sind aus den Köpfen, selbst wenn das Bewußtsein durch die lange Geschichte von Unfreiheit, Ungleichheit, (Standes- und Klassen-)Egoismus so nachhaltig geprägt blieb.

Ohne die geschichtliche Perspektive mußte das Verkehrte in der Welt als Schicksal erscheinen; die Signatur des Gedichts *Das Schicksal* (1810), die prägende Formel am Schluß: *Seele des Menschen wie gleichst du dem Schiffe/ Schicksal des Menschen wie gleichst du der Fluth*, ist erborgt aus Goethes «Gesang der Geister über den Wassern», das ‹Zitat› noch zum Gegensinn entstellt. Waren nicht Erfahrungen der Stoff, wurden aus Klischees, aus Lautmalereien Texte zusammengereimt, das *Trinklied* zum Beispiel (1807), oder aus den allgemeinen Ansichten über das Leben und die Lebensverhältnisse, so das Gedicht *Ich kenne die Freuden des ländlichen Lebens* (1807). Und die Hausliteratur erhielt nachdrückliche Förderung; *auf Verlangen* ihrer Mutter mußte Annette Droste wiederholt aus dem Trauerspiel *Bertha*, an dem sie 1813/14 arbeitete, vorlesen. Ihre *Schreibart* bessere sich, meinten *alle*, und ihr kam es dann selber so vor. (8,6) Den Erfolg der Lesungen kann man sich ausrechnen, wie das Stück dem Bildungswissen der Zuhörer entgegenkam: der Rhythmus des Blankverses war ihnen vertraut, die Motive erinnerten sie an Goethes «Tasso» oder an Lessings «Emilia Galotti», an Schillers «Tell» oder an «Fiesko» und «Kabale und Liebe», vielleicht an «Wallenstein». In literarischer Einkleidung fanden sich die Gespräche wieder, die im Verwandten- und Bekanntenkreis mit Ausdauer geführt wurden: über die Heiratsaussichten der Töchter, über die Stellung des Landadels und die Vorzüge des Lebens auf dem Lande, über das Eigenartige der münsterischen Heide, über die fremde Regierung und all die Neuerungen, über die Territorialstaaten und das Reich, über den Krieg. Dazu noch waren die literarischen Figuren vertraut, weil sie in Aussehen und Verhalten Ähnlichkeiten mit Personen in der Runde aufwiesen, ganz offenkundig mit Annette Droste selber, mit ihrer Schwester Jenny, mit Catharina Plettendorf, die Annette Drostes Amme gewesen war. Und da die Ähnlichkeiten mit anderen Personen weniger deutlich wurden, brauchte die negativen Charakterzüge niemand auf sich zu beziehen. Doch im Aufbegehren des Individuums deutet sich schon an, was als Authentizität des Werkes von Annette von Droste-Hülshoff sich später ausprägte, und das Bild vom Krieg bleibt unverwechselbar in seinen Konturen: *Mörder* wurden *beyde Heere*. (6,99)

Wo den politischen Vorstellungen die Erfahrung mangelte – *ich selbst verstehe Nichts von Politik*, sagte Annette Droste noch 1840 (9,120) –, da wurde hauptsächlich der Patriotismus abgebildet, welcher durch kein geschichtliches Bewußtsein reflektiert war, nach der ‹Völkerschlacht› bei Leipzig im Gedicht *Das befreyte Deutschland*. Die mit Politik verbundenen Interessen erkannte Annette Droste gar nicht, wußte dann genausowenig, was Werner von Haxthausen beim Wiener Kongreß und anschließend in Berlin zu tun hatte; sie hörte nur von seiner Bitte, *zwey Pumpernickel, einen an den Grafen von Solmslaubach, den andern an Gneißenau zu schicken.* (8,11) Demnach konnte Haxthausen sich erfolgreich um eine Anstellung im preußischen Staatsdienst bemühen.

Bei der Huldigungsfeier der Provinz Westphalen für König Friedrich Wilhelm III. am 18. Oktober 1815, dem zweiten Jahrestag der ‹Völkerschlacht›, wurde im Dom «ein neues musikalisches: ‹Herr Gott dich loben wir›, von dem Herrn Max von Droste-Hülshoff […] gesungen, und stimmte alle Gemüther zu Dankgefühlen». Am Vorabend hatte «die Bürgerschaft» vor dem Schloß «eine Fackelmusik» veranstaltet[25]; Jenny Droste schrieb darüber: «Lotte [von der Decken] und Nette waren wie wild. Wir hatten Mühe, sie bei uns zu halten.» (G 84) Aber eigentlich war nichts Besonderes dabei, die Zeiten waren wechselvoll, und wenn eine neue Herrschaft eintrat, gab es die Festlichkeiten – auch mit einer Speisung der Armen, 850 waren es diesmal, dazu 700 verwundete Soldaten. Im Dom, einige Tage später in den Pfarrkirchen wurde jedesmal feierliches Te Deum gehalten: «Salvum fac populum tuum Domine, et benedic hereditati tuæ. / Et rege eos, et extolle illos, usque in æternum.» Den Text kannten die Gläubigen auswendig, wenngleich die meisten die Sprache nicht verstanden, kaum wußten, was das Loblied in der deut-

Jenny von Droste-Hülshoff (1795–1859) und Annette von Droste-Hülshoff. Beide Gemälde von Carl Oppermann (?). – «Mutter, löse die Spangen mir! / Mich hat

schen Fassung bedeuten sollte, die im Gesang- und Gebetbuch stand: «Mache dein Volk selig, o Herr! und segne deine Erbschaft. / Regiere sie auch, und erhöhe sie bis in Ewigkeit.» Das Verständnis ergab sich erst aus dem anderen ‹Te Deum›, das nicht von allen gebetet wurde: «DER TAGE-LÖHNER. Du aller Menschen Gott und Herr! / Dir will ich beten und dich loben. / Du bist mein Gott nicht weniger, / Als aller, die du hoch erho-ben.» Die Überzeugung vom gleichen Anteil mußten die Demütigen

ein Fieber befallen. / Denn das Fenster ließest du auf, / Das immer sorglich verhängte». («verliebt»; MA I,71)

– die mit der ‹Gesinnung von Dienenden› – schon skandieren, denn auf «Herr» ließ sich schlecht reimen. Sonst aber konnte das Gebet inbrünstig verrichtet werden: «Die Güter dieser Welt sind dein. / Wie du sie theilst, wer kann's verstehn?»[26] Unter dem Te Deum wurden die Glocken geläutet. Dann, bei Salut und Trommelwirbel auf dem Domhof, erklang das «Salvum fac regem». Und abends war auf dem Domhof wie auf dem Prinzipalmarkt und in der ganzen Stadt Illumination.

Sehnsucht nach dem immer Anderen und Einen

In Bökendorf 1813 spielten sie auch wieder «Kämmerchen vermieten», diesmal Annette von Droste-Hülshoff, 16 Jahre, Jenny von Droste-Hülshoff, 18, Ludowine von Haxthausen, 18, August von Haxthausen, 21, Caroline von Haxthausen, 23, Wilhelm Grimm, 27. Daneben das Singen von Volksliedern, das Erzählen von Märchen: durch Wilhelm Grimm geriet es zu einem regelrechten Sammeln. «Die Fräulein aus dem Münsterland», berichtete er seinem Bruder Jacob, «wußten am meisten, besonders die jüngste». (G 74) Dennoch blieb Annette Drostes Beteiligung eher gering, obwohl sie es anders versprochen hatte, um Wilhelm Grimm, den sie *Unwille* und *Unmuth* genannt hatte, *zu versöhnen*. (8,3) Im Gedächtnis behielt sie, was sicherlich der Grund für den Spott gewesen war: daß *sämmtliche Cousinen Haxthausischer branche*, sie selber eingeschlossen, *durch die bittere Noth gezwungen* waren, sich *um den Beyfall der Löwen zu bemühn, die die Oncles von Zeit zu Zeit mitbrachten, um ihr Urtheil danach zu reguliren, wo* sie *dann nachher einen Himmel oder eine Hölle im Hause hatten, nachdem diese* sie *hoch oder niedrig gestellt*; sie kamen sich, die noch unverheirateten adligen Töchter, wie *arme Thiere* vor, *die ums liebe Leben kämpften*. (10,128 f.) Wilhelm Grimm sagte dagegen über Annette Droste bloß: «Es war nicht gut mit ihr fertig zu werden. […] Sie wollte beständig brilliren». (G 74) Verwandte – wie der Onkel Werner von Haxthausen – nannten sie «überaus gescheut, talentvoll»; sie sei «voll hoher Eigenschaften und dabei doch gutmütig», «eigensinnig und gebieterisch, fast männlich», habe «mehr Verstand» als «Gemüt», sei «durchbohrend witzig». Fremde – wie 1820 Friedrich Beneke, Kaufmann aus Hamburg, ein Bekannter Werner von Haxthausens – schilderten sie als «eine sehr feine, kleine Figur, sehr stark blond, ein hübsches Gesicht, ein Paar bedeutende blaugraue Augen». «Eine solche scharfe Klarheit des Verstandes, so unbefangen und tief ist mir selten vorgekommen», notierte Beneke weiter in seinem Tagebuch; «schon oft» habe er «von diesem seltsamen Mädchen früher gehört», daß «sie, ohne je magnetisch zu seyn, alle die Erscheinungen habe, die in das Gebiet des ‹Klarsehens› gehörten.» (G 114 f.) Verschiedentlich wurde erzählt, sie besitze die Gabe

Haus Bökerhof in Bökendorf. Aquarell von Annette von Droste-Hülshoff (?), 1820. – «Nachmittags [...] gingen Onkel Fritz mit der Guitarre, August, Grimm, Caroline, Ludowine, Nette und ich in den Lämmerkamp, wo wir am Häuschen sangen und dann ins Sengerthal gingen. Hier setzten wir uns ins Gras, und Grimm, der seiner Kränklichkeit wegen nicht auf dem Boden sitzen durfte, sang uns stehend mehrere Lieder [...] vor [...]. Nach dem Essen sangen wir noch recht lange auf der Entrée im Dunkeln.» (T 1,88)

des «Wassertretens»: in Hülshoff beobachteten die Bedienten, daß Annette Droste, anstatt die Brücke über die Gräfte zu benutzen, über das Wasser lief; ein Fischer in Meersburg sah sie über den See gehen nach Konstanz zu.[27] Und wie Annette Droste in Hülshoff einmal ihr *Nebelgesicht* erblickt hatte, wurde daraus die Fabel zur Ballade *Das Fräulein von Rodenschild*. Carl Carvacchi, Finanzrat in Münster, meinte 1834, Annette Droste sei die «einzige geistreiche Natur», der er in Münster begegnet sei. Der Schwager Joseph von Laßberg nannte sie 1836 ein «entsetzlich gelehrtes Frauenzimmer». Werner von Haxthausen berichtete 1837: «Wir disputieren schrecklich, Nette, Ludowine, Fritz» – und den Namen «Nette» unterstrich er zweimal. Adele Schopenhauer sagte 1840, Annette Droste sei das «geistreichste Wesen», das sie «unter Frauen» kenne. (G 191,218,226,300) Im Nekrolog schrieb Schlüter 1848 über ihre «Gabe, die verwickeltsten Zustände zergliedernd zu entwirren»; «Nichts war vor ihrem psychologischen Anatomiemesser sicher», fügte er hinzu. (R 105) 1855 berichtete er davon, daß ihn immer «ihr Subtilisiren», «ihr Beobachten im Kleinen und Feinen» gestört habe, weil es «in seiner Partikularität», «seiner Entfernung vom Allgemeinen des Begriffes» auf ihn «mehr den Eindruck des Komischen» machte (N 123) – und nicht gesehen hatte er, daß Annette Droste, anders als er selber, in Metaphern dachte. Sie konnte erzählen, erzählen. Wenn Sonntag oder Feiertag war, setzte sie «sich zu den ‹Völkern›, Knechten, Mägden und was sonst sich aus der Nachbarschaft an Groß und Klein zugesellen mochte, an den Herd» und erzählte.[28] Oft waren es Gespenstergeschichten, oder sie inszenierte «ihre mündlichen Lustspiele», auf Plattdeutsch, nachher auch auf Kölnisch, schließlich noch auf Alemannisch. (R 113)

Welche Tätigkeiten, Eigenschaften ihr zugestanden waren und welche nicht, das wußte sie so genau, wie es in ihrem Drama *Bertha* steht: stik- ken statt denken, Weiblichkeit für Träume, Gewöhnung anstelle von Entwürfen, *Sittsamkeit* statt *Freyheit*. Bertha aber ist *umschwebt* von *Bil- dern* einer *wilden Phantasie*, ihr *Geist* malt die *Bilder* einer *fremden Welt*. (6,92,121) *Mein Plagedämon*, schrieb Annette Droste einige Jahre da- nach, *heißt «Sehnsucht in die Ferne». Durchaus in ihr selbst liege dieser unglückselige Hang zu allen Orten*, wo sie nicht sei, *und allen Dingen*, die sie nicht habe. *Ich bin keinen Augenblick mit meinen Gedanken zu Hau- se*, gestand sie, *wo es mir doch so sehr wohl geht, [...] und wenn ich allein bin, besonders des Nachts, [...] kann ich weinen wie ein Kind, und dabey glühen und rasen, wie es kaum für einen unglücklich Liebenden passen würde.* (8,26–28) Sie war zu ungeduldig, als daß sie sich in die langsamen Konventionen gefügt hätte. Ihr Charakter, sagte sie selber, enthielt *einen starken Zusatz von Sauerteig.* (8,153) Oft war sie *traurig* oder *übler Lau- ne*, freilich besonders *als Kind* (8,30), später überwog das Selbstbewußt- sein. Dann mischte sie in *endlosem Umherfahren* der *Phantasie* (8,230) ihre Meinung in die Gespräche, ging mit ihrer Besserwisserei und den Übertreibungen nicht wenigen auf die Nerven. Sie fällte ein schnelles Urteil über andere und verspürte Freude, wenn es zutraf. Überhaupt, sobald «ihr etwas Freude» machte, setzte sie sich «über alles» hinweg. (W 123) Sie war *eigensinnig* (10,158), zugleich mißtrauisch. Also brauch- te sie es – wie der eine oder andere –, daß auch das Geschriebene gewo- gen würde zusammen mit dem Gesagten und Getanen, die paar Seiten, die richtig waren, was aber ihre Umgebung nicht gelten ließ. Indem sie immer von *fieberhafter Unruhe* (8,11) beherrscht war, verlängerten sich ihre Krankheiten. Häufig hatte sie Kopfschmerzen und Zahnweh, litt ziemlich an den Augen, durfte dann «nicht denken, schreiben noch le- sen» (G 100), und sie klagte über heftige Gesichtsschmerzen. Dabei war *die Gewohnheit* ihre *Tyranninn*; *was einmahl mein ist*, bekannte sie in einem Brief, *müste sehr schlecht seyn, wenn ich es ganz und für immer missen möchte, ich glaube wahrlich nicht mahl die Mücken.* (8,153)

In Raßmanns «Münsterischem Epigrammen-Cyklus» stand 1809: «‹Eine Dichterin nähm' in der Musterkarte sich wohl aus.› / Himmel! wir haben sie ja, blühend im heitersten Lenz! / Aber daß ich der zarten Jungfrau aufdecke den Schleier, / Wollen die Horen noch nicht; streng ist der Horen Gebot. / ‹Busch› voll schwellender Rosenknospen, wer fein dich betrachtet, / Sieht das Emblem, und kommt auch auf den Namen vielleicht.»[29] Annette Droste nannte Catharine Busch (nachher die Mutter Levin Schückings) in einem Gedicht *Westphalens Dichterin* und *Meisterin.* (1,102) Wie Raßmann zählte Catharine Busch zum Kreis um Anton Mathias Sprickmann, mit dem sie weitläufig verwandt war. In Göttingen hatte Sprickmann dem Hainbund angehört, in Münster dem Freundeskreis um die Fürstin Gallitzin und den Generalvikar von Fürstenberg. Spötter sagten, in Münster, das sei die heilige Familie gewesen. «Vater der westfälischen Dichtkunst» wurde Sprickmann auch genannt (HT 27); endlich war ihm aber nichts anderes geblieben, als ein ordentlicher Professor in Münster zu sein. Seit 1812 war er für Annette Droste so etwas wie ein literarischer Mentor; durch ihn hätte sie den Eintritt in die literarische Öffentlichkeit erreichen können. Und er hatte sich von Breslau

Anton Mathias Sprickmann (1749–1833). Gemälde von Johann Christoph Rincklake, um 1810. – «Und ist hier, wo die sanfte Freude / Ein heil'ges Vorurtheil oft schilt, / Unwissenheit im goldnen Kleide, / Und Dummheit, eingehüllt in Seide, / Mehr als der Musen Freundschaft gilt, / Wo Geld, wo ein berauchtes Schild, / Des Menschen ganzen Werth bestimmet, / Nicht meine Ley'r schon fast verstimmet?» (Anton Mathias Sprickmann, Die Belohnung der Dichter, 1774)

aus, nachdem er 1814, mit 65 Jahren, doch noch einem Ruf an die dortige Universität gefolgt war, bei ihr erkundigt, was ihre «Muse» denn mache, ob sie ihr «nichts» für den «fernen Freund gegeben» habe. (11,4) [30] An Sprickmann also schickte Annette Droste im März [31] 1816 dasjenige Gedicht, welches sie als konzentrierten Ausdruck ihrer selbst empfand. Und zur Erläuterung fügte sie im Brief hinzu: Das Gedicht *mahlt den [...] Zustand meiner Seele vollkommen, obschon diese fast fieberhafte Unruhe, mit Verschwinden meines Uebelbefindens einigermaßen sich gelegt hat.* War das, was sie vorher verfaßt hatte, aus Bildungswissen und enger Erfahrung entstanden, schrieb sie jetzt mit dem Bewußtsein eines Selbst, das im Geschriebenen sich als Ich erkennt.

Mit seiner Überschrift benennt das Gedicht *Unruhe* die menschliche Konstitution, die jedoch ein gesellschaftlicher Zustand ist. *Laß uns hier ein wenig ruhn am Strande / Foibos Stralen spielen auf dem Meere / Siehst du dort der Wimpel weiße Heere / Reisge Schiffe ziehn zum fernen Lande*: dahinziehende Schiffe erwecken das Bild einer unendlichen Weite. Aber in der Betrachtung erfüllt sich die eigene Vorstellung noch nicht: *Mit den hellen Wimpeln möcht ich ziehen.* Und der Reim auf *ziehen – O! ich möchte wie ein Vogel fliehen* – verrät, daß beim Ritual der Ruhe die *Unruhe* die tatsächliche Verfassung des Individuums ist. ‹Fliehen› auch gar nicht die Vögel, so doch das Individuum in seinem Wünschen, wenn das Fremde als Freiheit die Fesseln des ‹Eigenen› spürbar macht und die Heimat in der *Ferne* liegt, dort, woher es *wie Heymathslieder* klingt. (8,9,11 f.)

Was mit literarischer Öffentlichkeit kaum erst vergleichbar war, erfuhr Annette Droste zwei Jahre später, als sie das Epos *Walther* fertiggestellt hatte: die Länge, die Abgeschlossenheit wiesen das Geschriebene als Werk aus, und die Mutter las das ihr zugeeignete, zum Namenstag 1818 ihr geschenkte *Gedicht in sechs Gesängen* vor, wenn Besuch kam. Dann brachte es Annette Droste in Verlegenheit, wie von ihr Geschaffenes auf einmal dem Urteil ausgesetzt war. Nicht nur die Kritik irritierte sie, genauso das Lob; die Erfahrung war es, daß etwas Eigenes zum Objekt geriet und dadurch Konturen des Werkes sich ausprägten, die sie selber gar nicht kannte. Weil jedoch den Beurteilern die Kompetenz fehlte, offenbarten sich noch im Lob, das die Verfasserin zu hören bekam, Schwächen des Textes: nachdem jemand den Vers *Es rauscht' der Speer, es stampfte wild das Roß* oft genug wiederholt hatte, da die Stelle *die schönste [...] im ganzen Gedicht* sei, mußte Annette Droste erkennen, daß ihr Epos sich ziemlich einfach in die Tradition der Ritterdichtung, insbesondere Fouqués und Ernst Schulzes («Die bezauberte Rose»), hineinzitieren ließ. Wie der Begeisterte zudem mit dem Fuß den Rhythmus des Verses stampfen konnte, hatte sie die Komik der pleonastischen Abbildung erlebt. An Sprickmann, dem sie dies alles in einem Brief klagte, wandte sie sich endlich als an denjenigen, der das Gedicht *Unruhe* zu ihren besten gezählt hatte. Was sie jetzt gebraucht hätte, wäre gewesen: von dem *höchst milden, aber doch scharfsichtigen Richter* als Schriftstellerin angesehen zu werden. Darum der lange Brief an den, der so unglücklich weit entfernt wohnte, nicht mehr im Krummen Timpen gegenüber dem früheren Stadthaus der Droste-Hülshoffs; mit dem sie manchmal in der Gartenwirtschaft Lohmann zusammengesessen hatte am Sandruper Baum vor der Stadt. Sie flehte regelrecht um Ansprache: *Noch jetzt ist mir ein vernünftiger wohlmeinender Tadel sehr werth, aber auch nur der, von meinem Sprickmann.* Rechtzeitig zu seinem Namenstag 1819 hatte sie das Epos nach Berlin abgeschickt – Sprickmann war 1817 einem Ruf an die Friedrich-Wilhelms-Universität gefolgt –, so rechtzeitig, daß sie den rückversichernden Kommentar anfügen durfte, *je eher je lieber* habe sie ihm das Epos gesandt, anstatt ihren *Plan* noch *zehnmahl* umzustoßen. Sprickmann bestätigte den Empfang mit überschwenglichem Dank, indes, der angekündigte Brief mit einer detaillierten Stellungnahme blieb für immer aus. Nach dem zweiten Gesang hatte Sprickmann die Durchsicht des Manuskripts abgebrochen: im einzelnen war der Text allzu fehlerhaft, im ganzen verriet er ihm, daß Annette Droste seine Schülerin nicht mehr war, der er beim Abschied von Münster eine Klopstock-Handschrift geschenkt hatte – wie eine Wegweisung.

In ihrem Brief hatte Annette Droste Bilanz gezogen, und weil sie das fremde Urteil nicht kannte, war ihr nur die Selbstbestätigung gelassen, die in dem Brief auch schon stand: *Wenn ich oft Stellen, von denen ich überzeugt bin, daß sie zu den Bessern gehören als dunkel, unverständlich et cet schelten höre und dagegen von schlechteren und seichtesten, eben weil nur jeder gut, und klug genug ist, um sie ganz zu verstehn und empfinden, loben höre, und soll alsdann noch die oben benannten freundlichen Grimassen dazu schneiden, das ist zu arg, und mit Stillschweigen oder einer Verbeugung kann ich es nicht abmachen, dann bin ich hochmüthig.* (8,16,23,27) Also bekamen bald die paderbornischen Verwandten die zweite Abschrift des Epos; die dritte erhielt im Jahr darauf Wilhelmine von Thielmann. Hochmütig blieb Annette Droste zeit ihres Lebens; «sie hat alle drei Hochmute», schrieb Schücking 1843, «den aristokratischen, den Damen- und den Dichterhochmut». (M 210)

Wie die Verbindungen mißlingen, immer wieder neu in den Generationen; daß Schicksal oder Schuld dafür die Gründe seien, so erzählt es das Epos, auch daß, wenn Krankheit und Tod gewiß unausweichlich bleiben, die andere Hälfte des Elends sich aber der menschlichen Organisation verdankt, des Gegeneinanderlebens in Herrschaftsverhältnissen. Das Bild von den *hohen Zwey* als dem *schönsten Fräulein [...] auf deut-*

scher Flur und *dem kühnsten Ritter [...] in deutschen Schlachten* wird in der Erfahrung der Nicht-Handelnden zerstört: *Vom hellen Blute roth den blanken Spieß, / Kehrt Alhard heim auf dem beschäumten Thiere, / Die Unschuld ächzt aus dumpfem Burgverließ, / Sie jammert im zerstampften Jagdreviere, / Von Hunger und Verzweiflung ausgedorrt, / Sucht des verarmten Krämers zitternd Wort / Das Bettelbrod vor seines Räubers Thüre.* Als Realität sind die Bilder erklärt: hoch steht, wer herrscht; kühn ist, wer zwingen kann; schön ist nur, wer nicht zu handeln braucht, nicht handeln darf. Und die Schilderung der Jagd im dritten Gesang, so genau und ausführlich sie ist, verselbständigt sich keineswegs, sondern zeigt ihre Funktion spätestens mit dem Vers *Und trifft das ferne Wild mit sicherm Morde*, dessen letztes Wort auch der scheinbare Reimzwang (*Horde, Morde, Borde*) nicht entschärft. Denn wie der Vers da steht, wiederholt er lediglich, was vorher geschildert war, wenn von Alhards Treiben und den Folgen erzählt wurde. Dagegengesetzt ist bloß die Idylle: *Nicht reich, doch sorglos, herrschend nicht, doch frey, / Nur der Natur und ihrem Zepter treu.* Das Wunschbild von *Gerechtigkeit* erscheint hier; mit ihrer Verwirklichung wäre ja die Identität der irdischen Gemeinschaft geschaffen, von welcher der Klausner die Vorstellung behält, indem er das *Bild der einzig Einen* bei sich trägt.

In jenem Brief Annette Drostes an Sprickmann war noch von einem Traum aus Kindertagen die Rede: *Da kam es mir vor als gieng ich mit meinen Eltern, Geschwistern und zwey Bekannten spatzieren, in einem Garten, der gar nicht schön war, sondern nur ein Gemüsgarten mit einer graden Allee mitten durch in der wir immer hinauf giengen, nachher wurde es wie ein Wald, aber die Allee, mitten durch, blieb, und wir giengen immer voran.* Später stand in einem Brief an Elisabeth von Haxthausen: *Ich wollte, es hätte Alles Zusammen bestehn können.* (8,27,83)

Für keinen Einzelnen

Im April 1819 reiste Annette Droste für gut ein Jahr wieder ins Pader-bornische, die meiste Zeit lebte sie in Bökendorf. Zur Kur gegen die häufigen *Leib- und Magenschmerzen und Uebligkeiten,* auch gegen *das Kopfweh* und die *Trockne in den Augen* fuhr sie im Juni 1819 in das nahe gelegene Bad Driburg. Weil dort alles so *theuer* war, mußten die Ver-wandten in Bökendorf um Butter, Käse und Stuten förmlich angebettelt werden. An ihre Mutter schrieb sie dann: Man bezahlt *noch obendrein für Sachen [...], die man nicht kriegt, und für Dienste, die einem nicht ge-leistet werden,* zum Beispiel für *die Badefrau, wenn man, wie ich, eine eigne Bedienung bey sich hat.* (8,31,35,44) Mit solcher Ausstattung war es nicht schwer, auf den Straßen in Driburg zu entdecken, daß es anderen schlechter ging, sich sogar zu erinnern, daß seit der preußischen Zeit «die Conscription stark betrieben wurde» und «mancher Wittwe [...] ihr ein-ziger Sohn genommen» war. (L 67) In dem Bettellied *Die ihr sie kennet des Lebens Freuden* fand aber Annette Droste für diese Anschauung und für ihr Wissen eine historisch-ästhetische Form, welche über den Zufall einer Begegnung auf die gesellschaftliche Ursache führte, auf den Zu-sammenhang zwischen Armut und Krankheit, Unglück und Krieg.

Vor allem schrieb Annette Droste während ihres Aufenthalts im Pa-derbornischen geistliche Gedichte, die als Geschenk für die Großmutter Maria Anna von Haxthausen gedacht waren, ein Lied zu jedem kirch-lichen Feiertag. Mit der Zeit fügten die Texte sich jedoch zu einem Buch zusammen, entwuchsen den rituellen Anlässen und eigneten sich nicht mehr als Gelegenheitsdichtung zum regelmäßigen Verschenken. Sie hat-ten die Harmlosigkeit verloren, mit der sie *jene alten rührenden Verse* hät-ten *ersetzen* können, an denen die Großmutter hing mit ihrem *Andenken. Ich habe für k e i n e n Einzelnen geschrieben,* heißt es denn auch in der ‹Vorrede›, mit der Annette Droste die *Lieder auf alle Sonn- und Festtage* von Neujahr bis Ostermontag schließlich ihrer Mutter an deren Namens-tag 1820 übergab. Die Erklärung, *das Werk* des Kindes sei das *natürliche Eigenthum* der Mutter, enthielt die Formel, mit der Annette Droste zeit ihres Lebens – standesgemäß – die Briefe unterschrieb: *Deine gehorsame*

Therese von Droste-Hülshoff, geborene von Haxthausen (1772–1853). Gemälde, um 1830. – «Du trugst, du liebe Mutter, / So oft mit mir Geduld, / Hast Schlimmres mir vergeben / Als die Gedächtniß-Schuld.»
(«Bin ich zu spät gekommen»; MA I,91)

Tochter Nette. Therese Droste las die ‹Vorrede› *sehr aufmerksam und bewegt durch* (8,53), legte das Heft danach weg ohne Kommentar. Ihr war gewiß angst bei der Vorstellung, die Verkündigung könnte um selbstgemachte Texte erweitert erscheinen; die Religion, dachte sie wie die meisten nicht nur damals, müsse einfach gelebt, dürfe nicht beredet werden.

Und eigentlich war das genauso Annette Drostes Auffassung, die über den «religiösen Glauben oder gar kirchliche Fragen» niemals sprach. (SL 1,159) Aber Gedichte nahm sie aus von dem Verbot. Daß anstatt gebetet gedichtet würde, hatte Therese Droste schon den Kindern nicht erlaubt; sie müsse aufhören, entschuldigte sie sich im Brief an Dorothea von Wolff-Metternich vom 22. Januar 1803, weil «Nette und Werner [...] einander die Kupfer eines Fabelbuchs» erklärten und «lauter biblische Geschichten daraus» machten. Sie sorgte dafür, daß über Glaubensinhalte nicht nachgedacht wurde: «Ich erzählte» den Kindern, schrieb sie am 27. Dezember desselben Jahres, «schon in diesem Alter von Gott, der Schöpfung, den ersten Menschen, ihren Ungehorsam, und dessen Folgen, überhaubt Vorfälle aus dem alten Testament, nur nichts von unsern Heyland, d i e s das er für uns Mensch geworden und gestorben ist, verwirrt ihre Ideen ins unentliche, sie glauben immer dies M e n s c h w e r d e n sey die erste Entstehung der Gottheit, ich weiss dies an meiner Annette, dieser hatten meine Leute viel davon erzählt, und es kostete mir unendliche Mühe die Sache wieder ins Gleis zu bringen.» (G 29,31) Das mußte nach Annette Drostes Tod Christoph Bernhard Schlüter noch im Nekrolog versuchen: «nicht ihre poetischen Verdienste, sondern ihren religiösen Ernst und sittliche Denkart» hervorzuheben; der Stammherr auf Hülshoff, ihr Bruder Werner, hatte es so verlangt. (ST 7,44)

Die ‹Vorrede› zum ersten Teil der geistlichen Lieder stellte denn auch fest, daß keine Offenbarung nachgeschrieben sei in den Texten: *Kein Schwachkopf, der plötzlich zum König wird, kann bedrängter seyn, als ich im Gefühl der Ohnmacht, wenn ich Heiligthümer offenbaren sollte, die ich nur dem Namen nach kannte, und deren Kunde mir Gott dereinst geben wolle. Für alle sehr fromme Menschen* sei das Buch *völlig unbrauchbar*, hieß es weiter. Keine Gemeinde konnte angesprochen sein, dafür *die geheime, aber gewiß sehr verbreitete Sekte Jener, bey denen die Liebe größer wie der Glaube.* So ergaben die geistlichen Lieder kein Erbauungsbuch, als welches aber Schücking das vollständige Manuskript des *Geistlichen Jahrs* 1851 dem Verleger Cotta anbot, und Luise Hensel (Verfasserin des «Nachtgebets» «Müde bin ich, geh zur Ruh'») «fand die Gedichte fromm u. demüthig, trotz des darin sich aussprechenden Kampfes». (ST 7,132) Fromm war Annette Droste, nicht gläubig; sie blieb immer kirchlich eingestellt, doch fest im Glauben stand sie nicht. Ihre «Gläubigkeit», hieß es später in einem Artikel von Betty Paoli, war «nur ein angstvolles Ringen nach dem Frieden [...], den der Glaube gibt». (R 462) Und dieser Friede hatte seine Basis: i n der Kirche lebte der Adel, wie er lange Zeit v o n der Kirche lebte.

Wenn bereits das Evangelium ein Gleichnis aus dem Arbeitsleben enthält, *Von den Arbeitern im Weinberge* am vierten Sonntag nach Dreikönige, changiert im geistlichen Lied die Ausführung des Themas zwischen Metapher und Realität: *Ich kann nicht sagen: / «Keiner hat mich gedingt.» / [...] / Vor Millionen hast du mich erwählt, / Mir unermeßnes Handgeld zugezählt / [...]. // Ich kann nicht sagen: / «Siehe des Tages Last / Hab ich getragen!» / [...] // Ich kann nicht sagen: / «Siehe wer stand mir bey?» / [...] / O Gott, du hast zur Arbeit mir gesellt, / Viel liebe Seelen rings um mich gestellt / [...]. // Ich kann nicht sagen: / «[...] / Was hast du meine Nahrung mir entzogen?» / [...] / Du hast mich über vieles eingesetzt.* Bis dahin ist das Gebet ein Bericht über das Leben oben in der Hierarchie, und verkehrt man nur die Vorzeichen, auch über die Bedingungen unten. *Die Güter dein ließ ich zu Koth vergehen*: so werden die Machtstrukturen von den Oberen als Unrecht empfunden, die mit klarem Verstand bereuen, was die Unteren mit Inbrunst auf sich beziehen – jeder für sich allein in der *Reue*, mit welcher der einzelne sich von der *Menge* der Sünder lossagt (*Am Feste der h. drey Könige*), in transzendierender Demut: *Was du verhängt, es ist nur dir bekannt, / Ich weiß es nicht und sorg' es nicht zu wissen; / Um eins nur bitt' ich, daß in deiner Hand / Ich demuthvoll die Ruthe möge küssen.* (4,179) Jeder für sich allein, aber doch in der Gewißheit seiner gesellschaftlichen Zugehörigkeit: *Zum Himmel führen tausend lichte Pfade; / Ein jeder Stand hat seine eigne Bahn* (4,177) – als hätte Annette Droste das «Allgemeine Gebeth um Gnade zur Erfüllung der Standespflichten» neu formulieren sollen: «Deine Weisheit, o Gott! hat unter den Menschen die Verschiedenheit der Stände angeordnet».[32]

Wo die Selbsterniedrigung des Menschen für Moralität gilt, werden vor allem diejenigen an ihrem Platz in der Gesellschaft gehalten, die weit genug unten stehen. Im Lied zum zweiten Fastensonntag ist bereits die religiöse Formel entwürdigend: *Liebster Jesu, nur Geduld! / Wie ein Hündlein will ich spüren / Nach den Brocken deiner Huld, / Will mich lagern an die Thüren, / Ob von deinen Kindern Keines / Mir ein Krüstlein reichen will.* Als säkularisierte Fassung könnte der Bericht von dem Knecht gelten, der noch die Peitsche des Herrn küßt. Im Gedicht hat das Selbstbewußtsein, das es im «Zeitalter der A u f k l ä r u n g» schon gibt, seine Anschauung verloren; auf dem Weg zum «a u f g e k l ä r t e n Zeitalter»[33] ist der Text genau so viel wert wie ein Rückschritt im Bewußtsein: *Weil ich fast in meiner Pein / Schaue wie aus Kindesaugen, / Meinen oft die Diener dein, / Daß ich mag zum Gaste taugen; / In Erbarmen ganz vermessen, / Reichen sie die Schüsseln hin, / Doch ich will es nicht vergessen, / Daß ich wie ein Hündlein bin.* Solche Demut treibt einem die Schamröte ins Gesicht, und angesichts der Verkleinerung aus Zustimmung (*Hündlein*) muß die Scham Zorn werden. Auch läßt sich im Kontext des Gedichts mit Überzeugung zitieren: «Gott schuf den Menschen ihm zum Bilde, zum Bilde Gottes schuf er ihn; und schuf sie einen Mann und eine Frau.»

(Gen 1,27) Die säkularisierte Demut heißt dann: froh sein, daß es keinen Himmel gibt, man käme ja nicht hinein, nur die paar guten Menschen neben den vielen, die in ihrem Elend nichts tun konnten. Wie nachhaltig die Einschüchterungen wirken, verrät die Bezeichnung, die für Jesus gefunden wurde: *Rächer.* Da erweist sich, daß die Religion der Ausdruck der Existenzbedingungen ist – in der Gesellschaft, in welcher die Reichen und Auserwählten auf der einen Seite stehen, die Armen und Nichtauserwählten auf der anderen: *Ist es deinen Kindern recht, / Nur ein Krüstlein mir zu spenden, / Wohl! es ist mir Nichts zu schlecht, / Kömmt von übermilden Händen, / Birgt sich reiche Nahrung drinnen, / Nur in ernster Glut erstarrt. / Ach, und meinen stumpfen Sinnen / Wär' ein Kiesel nicht zu hart!* Solches Bewußtsein, Unbewußtsein brauchte das Zeitalter der Restauration, wurde dadurch doch bewirkt, daß die Irritierten und Zweifelnden den alten Halt wieder fanden.

Wie die geistlichen Lieder nicht bloß die unfrommen Verse sind, die der Kopf eines frommen Menschen noch erfinden konnte, die Gebete, bei deren Verrichtung der Verstand die Frömmigkeit förmlich auszehrt, so wird dasjenige übriggelassen, was jemand benötigte zum Weiterleben in einer Welt, die er sich nicht aussuchen konnte und deswegen für sein Zuhause nahm. Wenn keine durchgehend säkularisierenden Texte entstanden sind, liegt es auch daran, daß meistens ein Individuum das Bewußtsein von seiner unbedingten Endlichkeit nicht aushält. Aber doch hat Annette Droste ‹Erdenfahrten› beschrieben anstatt Himmelfahrten. Viele Lieder des Kirchenjahres sind ein Ausdruck der Qual und dann der Auflehnung: Ausdruck der Qual, welche die Religion für das Individuum bedeutet, das im Zeitalter der Aufklärung noch glauben muß; für das der Zweifel geradezu das Wahrheitskriterium wurde, während in seinem weiterhin gelebten Glauben dieser Zweifel als Verletzung der Glaubenspflicht eine schwere Sünde darstellt; Ausdruck der Auflehnung zugleich, denn werden nur die zitierten Glaubenssätze säkularisiert, wiederholt sich schon die gesellschaftliche Erfahrung: «*O neues Jahr, ich bin ja nie daheim! / Ein Wandersmann durchzieh ich ferne Räume; / Es heißt wohl so, es ist doch nicht mein Haus.*» // «*O Menschenherz, was hast du denn zu treiben, / Daß du nicht kannst in deiner Heymath bleiben / Und halten sie bereit für deinen Herrn?*» / «*O neues Jahr, du mußt noch viel erfahren; / Kennst du nicht Krieg und Seuchen und Gefahren! / Und meine liebsten Sorgen wohnen fern.*» // «*O Menschenherz, kannst du denn Alles zwingen? / Muß dir der Himmel Thau und Regen bringen, / Und öffnet sich die Erde deinem Wort?*» / «*Ach nein, ich kann nur sehn und mich betrüben, / Es ist noch leider nach wie vor geblieben / Und geht die angeweißnen Wege fort.*» (*Am Neujahrstage*) Den Text wörtlich zu nehmen ist die Realitätsprobe, welche den Wahrheitsgehalt der religiösen und der literarischen

Metaphern erweist; dann verrät sich auch in der Sünde der reale Grund: *Und muß ich schauen in des Schicksals Gange, / Wie oft ein gutes Herz in diesem Leben / Vergebens zu dir schreit aus seinem Drange, / Bis es verzweifelnd sich der Sünd ergeben.* (*Am ersten Sonntage nach h. drey Könige*) Ableitbar wird so, welche Erlösung von aller Sünde es gäbe; das Aufbegehren ist eingeschrieben in die rituelle Gläubigkeit: *Und wie mich Mancher schmähe, / Als soll' ich nie zu deinem Strahl gelangen, / Dieweil ich meine Blindheit selbst verschuldet, / Da ich in meiner Kräfte üppgem Prangen / Ein furchtbar blendend Feuerlicht geduldet, / Mir sey schon recht, und wer gesät der mähe: / Herr, gieb mir, daß ich sehe!* (*Fastnacht*) Die Lieder des *Geistlichen Jahrs* sind *ein kunstvoll sündlich Klingen* (*Am dritten Sonntage in der Fasten*): *kunstvoll*, indem sie *sündlich* sind, und *sündlich*, weil sie Kunst sind, wo noch immer das Gebet erwartet wird.

Nachdem die Ausgabe 1851 erschienen war, warnte Elise von Hohenhausen davor, sie Jugendlichen in die Hand zu geben, denn kein «stiller Gottesfrieden» walte in den Liedern, sondern in ihnen offenbare sich «der Kampf einer mächtigen Seele [...], die in die Tiefen der Gottheit» dringe.[34] Annette Droste «war von der Natur zur Denkerin geschaffen», schrieb Betty Paoli, «ihre Jugendeindrücke jedoch und der Einfluß ihrer Umgebung hielten sie mit stiller, aber sicherer Gewalt in dem Kreise kirchlicher Anschauungen fest» (R 462) – wie im Lied zum Namensfest Jesu zwar die Attribute des Menschen aufgezählt werden: *Leben*, *Leidenschaft*, Widersetzlichkeit, *Ehre*, Schönheit, *Geist*, ein Haus, *Heymath*, *Freyheit*, Bewußtsein, aber sich nicht zusammenfügen zum Subjekt, das keinen Himmel brauchte, weil es die Erde besäße. Vielmehr versucht das Individuum eine Vergewisserung zu erreichen mit den litaneiartigen Wiederholungen des Namens *Jesus*, findet keinen Halt mehr an den Attributen Gottes aus der «Litanei vom süßen Namen Jesu», die im Gebetbuch stand, klammert sich an den bloßen Namen. Im Glaubenwollen, Glaubensollen enthält das Lied zuwenig Religion, an ihrer Stelle die Abbildung des nicht zur Selbstbestimmung gelangten Ichs.

Daß die Dichtung aus dem Kopf ist, weiß man von den mißlungenen Versen, die aus dem Herzen kommen: *So gern hätt' ich ein schönes Lied gemacht, / Von deiner Liebe, deiner treuen Weise, / Die Gabe, die für Andre immer wacht, / Hätt' ich so gern geweckt zu deinem Preise. // Doch wie ich auch gesonnen, mehr und mehr, / Und wie ich auch die Reime mochte stellen, / Des Herzens Fluthen rollten drüber her, / Zerstörten mir des Liedes zarte Wellen.*[35] Annette Droste war zur Dichterin geworden und erzählte die biblische Geschichte anders: *Aber Joseph stillen Schrittes, / Tritt nicht mehr an ihre Seite, / Da das liebe liebe Kindlein / Nun der Herr der ganzen Welt, / Doch wie höher steigt die Sonne, / Schleicht er leis' an ihre Schulter, / Und er zupft an ihrem Mantel, / Daß der Schleyer niederfällt.* (*Am Feste*

50

Annette von Droste-Hülshoff. Miniatur von Jenny von Droste-Hülshoff, um
1820. – «Das duftet rings in Deiner Nähe / Von Freiheit, Liebe, Poesie, / Und jedes
tief geheime Wehe / Bei Dir erregt es Sympathie.»
(Emilie Emma, Schwertlilien. Zeit-Gedichte, 1849)

Mariä Lichtmeß) Es ist derselbe Joseph, als dessen Merkmal die Freundlichkeit genannt wird. (*Am vierten Sonntage in der Fasten. Josephsfest*)
Was Annette Droste nicht ‹eigentlich› auszusprechen wagte, stellte sie in
literarischen Bildern dar, die manchmal verkehrte biblische Gleichnisse
sind wie beim Evangelium *vom Samen, so unter die Dornen fiel*: *In die
Dornen ist dein Wort gefallen, / [...] / Und die Dornen lassen es gedeihen; /*

51

Ach, mein Boden ist zu hart, im Freyen / Leckt den Thau vom Felsen ihm die Sonne. / Kann es gleich nur langsam sich entfalten, / Schirmen sie es treulich doch vor Stürmen. (Am fünften Sonntage nach h. drey Könige) Auch Liebesgedichte sind hineingeschrieben in die Verkündigung und den Ritus: *Was soll ich dir bereiten, / Du wunderlieber Gast? / Ich möchte dich verleiten / Zu langer Liebesrast. / Wohlan, ich schmücke dich, / Will dich mit Blumen binden; / Du sollst dich nicht entwinden, / Das weiß ich sicherlich. // [...] / Daß ich dich feßle ganz / Mit Liebesblumenringen, / Will um dein Haupt ich schlingen / Den heilgen Rosenkranz. // [...] / Ich lasse nicht von dir, / Mußt du gleich wieder scheiden; / Ich fühl' es wohl in Freuden, / Du kömmst noch oft zu mir.* (Am Palmsonntage)

Im Lied zum dritten Sonntag nach Dreikönige redet ein Ich, dem der Glaube die Erfahrung nicht ersetzt hat: *Geh hin und dir gescheh', wie du geglaubt! / Ja, wer da glaubt, dem wird sein Heil geschehen; / Was aber ihm, dem in verborgnen Wehen / Das Leben hat sein Heiliges geraubt?* Es redet ein Ich, dem der Glaube den Verstand nicht ersetzt hat – der macht aus der Exegese kausale Ableitungen: *Herr, sprich ein Wort, so wird dein Knecht gesund! / Herr, sprich das Wort, ich kann ja Nichts als wollen; / Die Liebe kann das Herz dir freudig zollen, / Der Glaube wird ja nur als Gnade kund!* Das ist geradezu eine Vorhaltung, an die sich Einforderung anschließt: *Wie kömmt es, da ich dich am Abend rief, / Da ich am Morgen ausgieng dich zu finden, / Daß du in Lauheit und des Zweifels Sünden / Mich sinken ließest, tiefer stets und tief.* Die Rede im Angesicht des Allmächtigen ergibt das Bild von der Verantwortlichkeit der Mächtigen; in der Hierarchie erfährt der Unterdrückte noch die irdische Substanz der himmlischen Bilder. Und daß die Tugenden, zum Beispiel das Mitleid, nur die kleinen Hilfen der selber Kleinen sind oder sonst als Moral die Seele bilden, nicht jedoch die Verhältnisse ändern, das übersetzt sich aus der Uneigentlichkeit des Genres «Geistliche Lieder»: *Ist nicht mein Ruf in meiner höchsten Noth / Zu dir empor geschollen aus der Tiefe? / Und war es nicht als ob ich Felsen riefe? / Indeß mein Auge stets von Thränen roth!* Danach erst wird das Gedicht zum Gebet: und in Demut und Reue tritt ein Mensch vor den Allmächtigen, begibt sich dadurch der Möglichkeit, die Mächtigen anstatt sich selber anzuklagen der *Schuld* und der *Sünden.* Indem *Gnade* statt *Recht* sein soll, erhält die Klassengesellschaft den Segen: *Mein Herr, gedenke meiner Sünden nicht, / Wie oft hab' ich auf selbstgewähltem Pfade / Geschrien im Dunkel, Gott, um deine Gnade, / Wie um ein Recht, und wie um eine Pflicht!* Ist am Kreuz G o t t e s S o h n gestorben, waren Lehre und Leiden des M e n s c h e n s o h n e s für die vielen vergebens, nur zur *Warnung* wird ihnen gewiß, was Aufforderung hätte sein können. Am Schluß bleibt – so wehrt sich die Kreatur noch gegen ihr Wissen und *Gewissen* – der Wille ungebrochen, der Leben verlangt:

*Doch wirf mich, o du siehst ich kann noch wollen, / Nicht zu den Todten
weil ich lebend bin!*

Wo der erste Teil des *Geistlichen Jahrs* endet, mit dem Lied zum Ostermontag, steht auf der Rückseite des Blattes ein Text, der sich wie eine
weltliche Zusammenfassung liest. So ist das Gedicht *Noth* nicht der Re-
flex auf den paderbornischen Sommer, als sich August von Arnswaldt und
Heinrich Straube und noch die Verwandten aufführten, einer peinlicher
als der andere; das Gedicht ist die Reflexion der sozialen Bedingungen.
Annette Droste litt ja selber keine Not, doch war sie nicht geradezu reich
und lebte für ihren Stand bescheiden. Ihrer Mutter berichtete sie einmal
nach Eppishausen: *Mein Essen besteht Mittags aus Suppe wie die Leute sie
essen, Pellkartoffeln und Leber, die ich den Sonntag warm, und die übrigen
Tage kalt esse, – Abends Warmbier [Biersuppe], und Butterbrod mit Käse.*
(8,267) Was sie später in einem Entwurf zu dem Westfalenbuch *Bei uns zu
Lande auf dem Lande* beschrieb, auf welche Art der herrschende Stand
die Nächstenliebe praktizierte: *Jedes etwas vermögende Haus hat seinen
wöchentlichen Armen* (5,696) – Hülshoff hatte 1820 acht «Hausarme»[36] –,
das nahm sie für sich selbst ernster, als es das ständische Caritasgebot zur
Erlangung der eigenen Glückseligkeit und zur Lösung der sozialen Frage
verlangte. Dann teilte sie, was sie besaß, mit denen, deren Not sie mitbe-
kam. Und sie war eine rücksichtsvolle Wohltäterin; an Marie Sprickmann
hatte die damals Sechzehnjährige geschrieben: *Einige Äußerungen, die
ihnen gestern unwillkührlich entfuhren bestärkten mich in der Meinung, o
Gott werden sie doch nicht böse, daß es ihnen wohl zuweilen an manchen
fehlen möchte, und da ward mir so bange, und ich hatte keine Ruh, bis ich
mich es zu wagen entschloß, ihnen das wenige, was in meinen Kräften steht,
anzubieten, sie können es mir ja immer gelegentlich wiedergeben.* (8,2) Sie
war nicht geizig, sie kam ja nicht von unten. Aber ahnungslos war sie
manchmal: das Einkommen des Universitätsprofessors Sprickmann betrug 950 Reichstaler, einschließlich der Hörergelder, Nebeneinkünfte
nicht mitgerechnet; davon konnte man sogar ‹standesgemäß› leben.
Sprickmann hatte lediglich sein zusätzliches Amt als Richter, eine weitere
Einnahmequelle von 400 bis 500 Reichstalern, verloren. Die Armen, um
die Annette Droste sich kümmerte, gehörten allesamt nicht zu den neun
Prozent der Bevölkerung Münsters, die offiziell «Arme» hießen: mehr als
in Hamburg und Prag, etwa viermal so viele wie in Göttingen und Magde-
burg. Dann waren noch die «verschämten Armen» zu rechnen, «deren
Armut nicht bekannt werden sollte», ihre Kinder kamen darum nicht als
«Zwangszöglinge» in die «Industrieschule».[37]

Klagen hörte man von den «städtischen» und den «verschämten» Armen nicht, sondern von denen, die ihre Mühe hatten, den münsterischen
Lebensstandard zu halten: «Der Mittagstisch ist theuer», schrieb Karl

Immermann 1819, «unter 8 Thl. monatlich kann man nicht speisen. Dazu der Wein, den man hier überall t r i n k e n   m u ß.»[38] Schon um 1800 gab es in Münster «einige achtzig Weinhäuser». (HT 19) Unter all dem war die Signatur der Zeit nur schwer zu lesen: Hunger. In den Jahren 1795, 1802, 1805, vor allem 1816 und 1817 hatten Mißernten das Land heimgesucht; Theodor Herman Helmken, Küster in Everswinkel, zeichnete in seiner Chronik auf: «Der gröste baur hatte kein altes kornn mehr – ein jeder bürger und baur klagte und wartten auf den frischen kornn wen es nur eben einen tag gu[t] wetter wahr so schlugen sie einige richten roggen auß und trockten es im owen so viel das sie es eben konten mahlen lassen / gen früh Jahr 1816 hatte ieder man die Kartuffelen so beygegessen das sie kaum mehr was zu pflansen hatt – den wahr das eingemachte saurkraut auch bey ieden auf – es wharen keinne Erbsen mehr dar».[39]

Das Gedicht *Noth* ist die Zurückführung des Moralischen auf das Gesellschaftliche: *Was redet ihr so viel von Angst und Noth, / In eurem tadellosen Treiben? / Ihr frommen Leute, schlagt die Sorge todt, / Sie will ja doch nicht bei euch bleiben!* Die Frommen, die Tadellosen reden *von Angst und Noth* gleichgültig und gebieterisch, wie sie sich's leisten können im *Treiben* als ihrem Leben, wo das Sprichwörtliche (‹die Zeit totschlagen›) aufs Wörtliche reduziert ist (*schlagt die Sorge todt*). In diesem Bild mit der Anschaulichkeit der einmaligen Prägung zeigt das Gedicht auf diejenigen, die sich nicht abzurackern brauchen. Und in der Personifikation wird die *Sorge* zur Parteigängerin der Geplagten. Von ihnen berichtet die zweite Strophe: daß ihre Not mit der Verschwendung in der Gesellschaft zusammenhängt; daß die Not über die Notleidenden gekommen ist scheinbar ohne Grund, als Schicksal, das ertragen werden muß, als das Elend, worüber keine Klage geführt wird, weil die Zerstörung des Menschen noch von außen nach innen schlägt: *Doch wo die Noth, um die das Mitleid weint, / Nur wie der Tropfen an des Trinkers Hand, / Indeß die dunkle Fluth, die Keiner meint, / Verborgen steht bis an der Seele Rand.* Die Formulierung *Tropfen an des Trinkers Hand* ist ein ‹säkularisiertes Zitat› aus Klopstocks Ode «Die Frühlingsfeyer»: «Nur um den Tropfen am Eimer, / Um die Erde nur, will ich schweben, und anbeten! / Halleluja! Halleluja! Der Tropfen am Eimer / Rann aus der Hand des Allmächtigen auch!»[40] Im Bild *Tropfen an des Trinkers Hand* ist zu erkennen, daß der «Allmächtige», der das Universum erschaffen hat und auf der kleinsten der «Erden» die Menschen, der das Individuum über das Weltall erhob, daß dieser «Allmächtige» w i r k l i c h in Gestalt der Mächtigen existiert. Die anderen sind dann die Schuldigen, sie bekennen es noch, indem sie sich wehren: *Ihr frommen Leute wollt' die Sorge kennen, / Und habt doch nie die Schuld gesehn!* Damit erklärt das Gedicht, was schuldig sein in der hierarchisch gegliederten Gesellschaft heißt: nach unten zu gehören. So nehmen es alle an, entweder in dem sie gelehrten Glauben oder aber gemäß dem geltenden Recht. Die zuletzt ihren Namen bekommen, auf den mit der auffälligen Wiederholung *sie, sie* vorausgewiesen wird, ihnen ist zugestanden, zu bezeichnen, was sie selber nicht besitzen: *Doch sie, sie dürfen schon das Leben nennen / Und seine grauenvollen Höhn.* Der Name aber wird den Bann brechen; dann erhalten *die Menschen* die Fähigkeit, Gut und Böse zu unterscheiden, während die Herrschenden sich täuschen über die angeblich Zufriedenen und Untertänigen, über das dankbare Volk: *Hinauf schallt's wie Gesang und Loben.* Die gesellschaftliche Harmonie ist bereits gestört durch das Als-ob des Vergleichs; danach wird die Metapher des Friedens, den die Natur über alles breitet, mit Wehmut und ironisch zitiert: *Und um die Blumen spielt der Strahl.* Auch die Schilderung des Alltags – *Die Menschen wohnen still im Thal* – ist zugleich Wunschbild und ironischer Kommentar. Im Wunschbild vom friedlichen Leben heißen *sie* schon *Menschen*; in Naturbildern erscheint die Wirklichkeit, in der sie jetzt leben: *Die dunklen Geyer horsten droben.* Lange bevor die liberale Presse das Thema aufgriff, hatte Annette Drostes Gedicht das Abbild entworfen und mit der Überschrift die Reduktion auf den historischen Begriff vorgeführt: *Noth.*

Das Zerwürfnis zwischen Annette Droste und Heinrich Straube spiegelt sich wider im Lied zum fünften Fastensonntag: *Bruder mein, so laß uns sehen / Fest auf Gottes Wort, / Die Verwirrung wird vergehen, / Dies lebt ewig fort. / Weißt du wie sie mag entstehen / Im Gehirne dort? / Ob wir einst nicht lächelnd sehen / Der Verstörung Wort, // Wie es hing an einem Faden, / Der zu hart gespannt, / Mit entflammten Blut beladen / Sich der Stirn entwand?* 1818 in Bökendorf hatte Annette Droste Straube kennengelernt, Ostern 1819 war er zu Besuch nach Hülshoff gekommen, im September hatte sie ihn noch einmal in Bökendorf getroffen, den Studienkollegen August von Haxthausens früher in Clausthal-Zellerfeld, jetzt in Göttingen. Während der Osterferien 1820 hielt Straube sich wieder in Bökendorf auf, als auch Annette Droste dort war: «Komme bald!» hatte August von Haxthausen ihm geschrieben, «denn Du weißt, nirgends küßt sich so gut wie in den Treibhäusern von Bökendorf u. Hülshoff.» (G 106) Nachher, von Göttingen aus, schickten Haxthausen und Straube den dritten in ihrem Bund, August von Arnswaldt, nach Bökendorf, inszenierten zusammen mit Anna von Haxthausen die Affäre um Annette Droste, stellten sie auf die Probe, hieß es. Und Annette Droste bekannte noch im Dezember in einem Brief an Anna von Haxthausen: *Straubens Liebe verstand ich lange nicht, und dann rührte sie mich unbeschreiblich und ich hatte ihn wieder so lieb, daß ich ihn hätte aufessen mögen, aber wenn Arnswaldt mich nur berührte, so fuhr ich zusammen.* Das Besondere, falls es

August von Arnswaldt (1798–1855), Annette von Droste-Hülshoff, Heinrich Straube (1794–1847). Zeichnung von Ludwig Emil Grimm, 1820. – «Gereifte Männer sollte nicht entzweyn / Die Laune eines Mägdleins». («Bertha»)

dabei war, reduzierte sich auf seine Auffälligkeit. Eine zweite Affäre ließ sich entdecken in ihrer Bekanntschaft mit Johannes Wolff, der zum Freundeskreis der Grimms und August von Haxthausens gehörte: *Straube weiß*, schrieb sie nun darüber, *wie ich mit Wolff gestanden habe, denn er hat einmal gesehen, wie ich ihm die Hand unter dem Tisch reichte, und hatte es mir verziehen.* (8,49,51)

Annette Droste war eine dominante Persönlichkeit, und immer eigenwilliger wurde sie. «Werner von Haxthausen ist der einzige, den sie fürchtet», hatte Beneke sich notiert und den Grund hinzugefügt: «weil er bei

56

jeder Gelegenheit sie demütigt». (G 114) Das versuchten eben auch die anderen. Nicht aufgeschrieben hat Beneke, daß der vielseitig gebildete Werner von Haxthausen als einziger im Bökendorfer Kreis Annette Droste überhaupt gewachsen schien, derselbe Haxthausen, den Heinrich Heine wegen der Schrift «Über die Grundlagen unserer Verfassung» einen «Krautjunker in Westphalen» nannte.[41] Arnswaldt und Straube schrieben einen gemeinsamen Absagebrief, dessen Übergabe in Hülshoff so eingerichtet wurde, daß die Wirkung beobachtet werden konnte: «Ich habe den Brief an Nette besorgt», meldete Caroline von Haxthausen, aus Freckenhorst angereist; «sie schüttelte vielmals den Kopf unterm Lesen», später «hörte ich sie noch lange auf ihrem Zimmer auf und ab heftig gehen. Andern Morgens war sie aber wie immer, und es scheint mir kein bleibender Eindruck davon geblieben.» (G 119f.) August von Haxthausen gab an Arnswaldt und Straube die Information weiter, der Brief habe «fast» die beabsichtigte Wirkung erzielt. (HC 63) Jedenfalls gab es für Annette Droste nun keine Verbindung mit Straube mehr, die am Ende ja auch eine unstandesgemäße gewesen wäre. Anna von Haxthausen schickte noch jenen Brief vom Dezember 1820 an Straube weiter. Der reimte aus seinem Erlebnis ein Sonett zusammen, das er «Letztes Mittel» überschrieb: «So nett ich auch Sonnette, Nettchen, webe, / So wohl und weis' ich wäge Wort und Weise, / So lispelnd auch die Leine und so leise / Sich bald bewege, und bald brausend bebe; // Nichts hohes, das dich, Holde, hoch erhebe, / Nichts gleitet gleißend aus der Saiten Gleise, / Das prächtig gnug dich, Preisgewohnte, preise, / Und wenn ich länger als dieß Lied auch lebe! // Wie sollst du meiner Seele Sehnen sehen? / Wie kann ich meines Kummers Wehen, / Mich nicht in Lied, Leid, Liebe zu verlieren? // Ich rang in Reim und rang in Roms Manieren, / Kaum konnt' kastilscher Klang den Kampf bestehen – / Zum Letzten lang' ich: zum Allitteriren!» (11,225)[42] Weihnachten 1829 bekam August von Arnswaldt ein Album mit religiösen Gedichten geschenkt, in dem sogar geistliche Lieder Annette Drostes standen, eingetragen von Anna von Haxthausen, die im Jahr darauf seine Frau wurde.

Einige Monate nach dem Brief vom Dezember 1820 schrieb Annette Droste ein weiteres Mal an Anna von Haxthausen: *So wie ich strenger gegen mich werde, werde ich es auch gegen Andere.* Und wieder ein halbes Jahr später erklärte sie gegenüber Therese von Wolff-Metternich: *Was Anna mir schreibt, daß* Straube *noch schwach wäre, und nach einem Balle leicht Kopfweh bekäme, so finde ich das sehr natürlich, wenn er die ganze Nacht getanzt hat.* Dann aber stand in einem Brief an Anna von Haxthausen: *Ich schreibe jetzt zuweilen an der Ledwina, die gut werden wird.* (8,53,60,67) So ist an der Scham, die den roten Kopf macht, auch die Erkenntnis schuld. Die Ereignisse in Bökendorf und deren Nachspiel waren die Katharsis des früheren Lebens, die Annette Droste endlich von dem Kräftemessen mit den Personen in ihrer Umgebung befreite, obwohl es zuweilen ‹Rückfälle› gab. Von damals an besaß sie ihr *Janusangesicht*, ein anderes, als im Gedicht *Unter der Linde* beschrieben ist. Sie war Dichterin – und dann wieder «Fräulein»; das Denken wurde genauer, die Bilder gerieten schärfer – und im Umgang war sie «voller Gefälligkeit und Aufmerksamkeit». (G 141) Als hätte sie immer schon die Erfahrung des Alters gehabt, das sich ans einzelne klammert, weil sich dies halten läßt für einen vielleicht langen Augenblick, so ist die mikroskopische Sicht, die Konzentration aufs Detail ein Kennzeichen ihrer Texte geworden. Die naive Erfahrung einer Fülle des Ganzen hat ihr Leben und Schreiben dagegen nicht bestimmt; von Ledwina heißt es einmal, *daß sie gern diese ganze in Funken zu verglimmende Lebenskraft, in einem einzigen recht lohhellen Tage hätte aus flammen lassen.*

Der Strom zog still seinen Weg, und konnte keine der Blumen und Zweige aus seinem Spiegel mitnehmen, nur eine Gestalt, wie die einer jungen Silberlinde, schwamm langsam seine Fluthen hinauf, es war das schöne bleiche Bild Ledwinens, die von einem weiten Spatziergange an seinen Ufern heim kehrte. Man kann den Weg wiedererkennen, den Annette Droste oft gegangen ist: von Hülshoff aus entlang der Aa und der Krummen Becke. Aber in der Abbildung entsteht eine Welt aus gesellschaftlich Nicht-Existierendem, indem Ledwina zurückkommt nicht aus der Fremde; indem der Mensch in der Natur Bilder von dem findet, was er verlor, doch niemals besaß: Bilder von sich. Wenn Ledwina nun ins Wasser schaut, fallen im Spiegelbild *die Locken von ihrem Haupte* und treiben fort, *ihr Gewand* zerreißt, *die weißen Finger* lösen sich ab und verschwimmen. Das Bild zerstört die Gestalt, wird darin zum gesellschaftlichen Paradigma. Wiederaufgenommen ist das Spiegelbild-Motiv in der *Judenbuche*, dann im Gedicht *Das Spiegelbild* (1842): mit seinen ‹verkehrten› Seiten ist das Spiegelbild ein realisiertes Identitätsbild, nicht Wunschbild, Gedankenbild, Erscheinungsbild; es entsteht aus den Alp-*Träumen*, da für Tagträume kein Ort ist, also führt es dem einzelnen sein Schicksal vor Augen, anstatt die Perspektive des Menschen zeigen zu können. Genauso wird der *Mondesaufgang* (1844) beschrieben an Stelle des ‹Sonnenaufgangs›: *Mir war, als müsse Etwas Rechnung geben, / Als stehe zagend ein verlornes Leben, / Als stehe ein verkümmert Herz allein, / Einsam mit seiner Schuld und seiner Pein.* In solcher Weise vom Kopf auf die Füße gestellt ist die Gesellschaftsbeschreibung bei der zufälligen Begegnung Ledwinas mit dem *großen vierschrötigen Mann*, der ein Fleischer ist und spricht, wie Fleischer sprechen können: *«Wer? mein Hund?» sagte der Kerl beleidigt, «der ist ja nicht mahl bös, der hat Niemals Keinen gebis-*

Die Aa bei Münster. Gemälde von Otto Modersohn, um 1887. – Von Rüschhaus aus, als Therese, Jenny und Annette Droste natürlich oft nach Hülshoff gingen, mußten sie bei Hochwasser wenigstens bis zum Kötter Wittower laufen, von wo aus man sehen konnte, «wie groß die Ahe war» (11,105), ob also der Weg passierbar erschien.

sen». Die doppelte Verneinung muß dem Fräulein als falsch in den Ohren klingen, auch daß der Mann *vertrinken* sagt, wenn er ‹ertrinken› meint; daß er sie gar mit *Mamsell* anredet wie eine Bürgerliche. Anfänglich scheint er das Trinkgeld abzulehnen, um schließlich *geschwind* zuzufassen: was das Fräulein praktiziert, der Fleischer weiß, die Bäuerin zitiert – zitiert, weil ihr die Rede peinlich ist: «*die Leute denken Geld regirt die Welt*» –, dies alles belegt, daß die hierarchische Ordnung bloß die Herrschaft der Besitzenden über die Nicht-Besitzenden bedeutet. Nach jener Szene steht dem Fräulein die Jovialität wohl an: «*Den Stuhl*», sagt Ledwina zur Bäuerin, «*hat wohl euer Sohn gemacht, der ist recht geschickt*». Später, wenn Frau von Brenkfeld aus ihrer Lebenserfahrung berichtet, sind zugleich die Mechanismen der Gesellschaft erkennbar: «*Nächst dem Schutzengel, giebt es keine frömmeren Hüter und nächst der Elternliebe keine reinere Neigung, als die stille und innige Glut solcher alten Getreuen gegen den Stamm, auf den sie einmahl geimpft.*» Kein Wunder, daß Frau von Brenkfeld *gegen das Ende ihrer Worte sehr gerührt* ist. Zuletzt erscheinen die vielen Gespräche zur Anschaulichkeit konzentriert in zwei Erklärungen Thereses: «*Gehorchen muß der Mensch noch irgend jeman-*

den außer Gott, geistlich oder weltlich, das erhält ihn weich und christlich». Und: *«Es ist doch etwas eigenes um das angebohrene Vornehme.»* Bliebe nur aus der Rede einer anderen Figur hinzuzufügen, was Annette Droste zu hören und zu spüren bekam, wogegen sie ihr Schreiben immerhin durchsetzte: *«Das Regieren»,* sagt Karl, *«thut überall keinem Weibe gut»;* wogegen sie an ihrer Meinung festhielt, daß «eine Frauenregierung nur glückbringend sein» könne. (M 216) So war auf den Bildern mehr zu erkennen, als in der Wirklichkeit sich ereignet hatte: «Einmal des Jahres», erinnerte sich Schlüter, «zog das Fräulein ihr bestes seidenes Kleid an, steckte einen uralten, kostbaren Kamm voll Edelsteinen ins Haar, hing eine goldene Kette um und besteckte sich mit allen möglichen Kleinodien, die sie nur fassen und tragen konnte. Zugleich machte sie ein Päckchen mit Kaffee, Zucker und Gebackenem und kleinen Geschenken zurecht und bestieg mit ihrer Amme einen Wagen; es galt einen Besuch und einen festlichen Tag bei deren verheirateten Kindern, Tochter oder Sohn. Den ganzen Tag blieb sie dorten, aß und trank, unterhielt sich mit ihnen und freute sich an der Freude der guten Leute, ein so vornehmes, geputztes Fräulein unter sich zu haben.» (N 119)

«Die Weiden z..b.» versetzte Ledwine und in ihr Gesicht goß sich ein *trübes aber bewegliches Leben,* «haben für mich etwas Rührendes, eine *sonderbare Verwechslung in der Natur, die Zweige farbicht, die Blätter grau, sie kommen mir vor wie schöne aber schwächliche Kinder, denen der Schrecken in einer Nacht das Haar gebleicht».* Die Natur wurde zum Bild auch im wirklichen Leben: Annette Droste zog es schließlich nach dem Bodensee, wo sie zuletzt Heimat suchte in dem Haus, das ihr eigenes war. Doch da reichte die ihr verbliebene Zeit nicht mehr aus. *«Baue du dein Haus nur»,* sagt Ledwina zu ihrer Schwester Therese. In die andere Figur war projizierbar, was bei Ledwina allzuviel Hoffnung ausgedrückt hätte: Therese, stellt Ledwina sich vor, baut das Haus nicht für sich allein; *«aber ich»,* sagt sie, *«habe aufgehört zu suchen, denn ich weiß, daß ich nicht fin-de».* Nur als *Traumwelt* gibt es die verdrängte Sehnsucht noch: *Sie fühlte ordentlich den Schwung im Fallen und hörte die Bretter des Sarges krachend brechen, in dem sie jetzt neben einem Gerippe lag. Ach es war ja ihr Liebstes, das wußte sie sogleich, sie umfaßte es fester wie wir Gedanken fassen können, dann richtete sie sich auf, und suchte in dem grinsenden Todtenkopfe nach Zügen, für die sie selbst keine Norm hatte [...], da sie den Korb umschüttete, wurden der Blumen so viele, daß sie das ganze Grab füllten, deß freute sie sich sehr, und wie ihr Blut milder floß, formte sich die Idee, als könne sie den verweseten Leib wieder aus Blumen zusammen setzen, daß er lebe und mit ihr gehe.*

Der Roman geht so fort, bricht irgendwo ab, eigentlich hört er nur einfach auf, nachdem er mit weiteren Figuren, neuen Gesprächen, anderen

Beschäftigungen dasselbe ein zweites Mal erzählt hat. Auch in den Entwürfen zur Fortsetzung wird die Struktur des Romans durchgehalten, dessen Teile sich also zueinander verhalten wie konzentrische Kreise. Der Unterschied ist bloß, daß in den Entwürfen das Biographische erst weniger verwandelt erscheint; oft sind die Namen der Figuren noch mit denen der realen Personen identisch.

Zwischen 1820 und 1826 blieb *Ledwina* das einzige literarische Werk von Bedeutung, an dem Annette Droste – wenig auch nur – arbeitete. Sie machte Reisen: 1822 und 1824 zusammen mit ihrem Bruder Werner ins Sauerland, unter anderem nach Gevelinghausen, wo Verwandte der ostwestfälischen Stiefgroßmutter lebten, darunter Caroline von Wendt-Papenhausen, die Werner von Droste-Hülshoff einige Jahre später heiratete. 1825 fuhr Annette Droste an den Rhein und blieb dort bis zum nächsten Frühjahr – in Bonn bei Clemens von Droste-Hülshoff und Moritz von Haxthausen, in Köln bei Werner von Haxthausen, in Koblenz bei Wilhelmine von Thielmann. Sie lernte den Bonner Professor für Literatur und Kunstgeschichte August Wilhelm von Schlegel kennen, den Professor für Archäologie und Kunstgeschichte Eduard d'Alton, der als Maler und Radierer bekannt war, Sulpiz und Melchior Boisserée, die sich für die Erhaltung und bald für den Weiterbau des Kölner Doms einsetzten. Werner von Haxthausen hatte in diesem Jahr Elisabeth von Harff geheiratet, die aus einer Kölner Patrizierfamilie stammte und die verschuldeten Haxthausenschen Familiengüter sanieren half. Durch die neue Verwandte kam Annette Droste in zahlreiche Gesellschaften, wurde mit Sibylle Mertens-Schaaffhausen bekannt, die von manchen «die Rheingräfin» genannt wurde; mit ihr blieb sie in einer von den Spannungen doch nicht zerstörten Freundschaft verbunden. Im Brief an ihre Schwester nach Rüschhaus, Februar 1826, entschuldigte Annette Droste ihr langes Schweigen mit den *Carnevalsvergnügungen*, berichtete vom gesellschaftlichen Leben in Köln, für das sie, die selten anders als «möglichst einfach, ja schlecht» gekleidet war (G 185), die passende Garderobe noch hatte anschaffen müssen: *Ich schone, was ich kann, so daß ich erst ein paar seidne Strümpfe gekauft habe, aber schon mehrere Paar seidne Schuh und weiße lange Handschuh. [...] Die Bälle sind hier äußerst brillant, selbst das gewöhnliche Local ist sehr groß, und am Carneval-Montag wurde auf dem Kaufhause, genannt der G ü r z e n i c h , getanzt.* (8,76 f.) Von der Aa an den Rhein versetzt, kam es ihr dort so vor, wie in ihrer Oper *Babilon* in einer Arie nach dem Text von Fouqué gesungen werden sollte: *Schön und lieb war's ja auf Wiesenmatten, wo der Rhein lächelnd seine Riesenbogen schlang.* (13,309 f.)

Improvisationen

Im «Frauentaschenbuch für das Jahr 1820» las Annette Droste Friedrich de la Motte Fouqués Idyllen «Babylon» und fand in ihnen den Stoff für eine Oper. Ungewöhnlich war es, daß sich jemand, gar eine Frau, fast ohne Kompositionspraxis an diese Großform wagte. So lief Annette Droste als Ruf schon voraus, sie arbeite «an einer Oper». (G 114) Fouqués Idyllen boten alles, was das Frauenherz bewegen sollte und was die christlich-feudalistische Ordnung verklären half: den mutigen deutschen Ritter, seinen treuen Knappen, die verführerische Zauberin Semiramis, die edle Geliebte daheim. In der Kreuzritter-Romantik kostümiert sich nach 1815 die Entschlossenheit zur Verteidigung des Feudalstaats; nur unter dem Schutz der «eisenstarken Heldenfechter» aus dem Westen, die ihre alte Rolle als «Wächter» der göttlichen Ordnung wahrzunehmen hätten, soll es möglich sein, in der Idylle sich häuslich einzurichten: «Eine Schäferhütt' im Grünen / Zeigt sich mir; der goldne Mond lacht / Friedsam durch die kleinen Fenster; / Zierlich blüht, von zarter Sorgfalt / Stillumhegt, ein blum'ges Gärtlein / An der Thür; auf ras'gem Vorplatz / Ruht die kleine, woll'ge Heerde.».[43]

Der Schauplatz in Annette Drostes Oper sind die Hütten auf den *Ruinen von Babylon*. Warum die Turmbauer mit dem Versuch scheiterten, ein Zeichen ihrer Gemeinschaft, ihrer Autonomie zu setzen, erzählt die Bibel: «Und der Herr sprach: Siehe, es ist einerlei Volk und einerlei Sprache unter ihnen allen, und haben das angefangen zu tun, sie werden nicht ablassen von allem, was sie sich vorgenommen haben zu tun. Wohlauf, lasset uns herniederfahren und ihre Sprache daselbst verwirren, daß keiner des andern Sprache verstehe! Also zerstreute sie der Herr von dort in alle Länder, daß sie mußten aufhören, die Stadt zu bauen.» (Gen 11,6–8) Auf den Trümmern soll nun die neue Gemeinschaft entstehen: *Wir helfen dir die Hütte bauen*, singt der Eingangschor der Hirten. Das Heim gilt in der Restauration für den Ort des Privaten, der Familienidylle, deren fester Boden Frömmigkeit, Gottergebenheit, Fleiß und Liebe sind. Und die Komposition (13,242–267), die keine selbständige motivische Struktur erkennen läßt, verdoppelt nur die Aussage des Textes: Elis Verzweiflung findet in der zunächst sich steigernden, dann nach dem Spitzenton abfallenden Linie ihre musikalische Entsprechung; den Umschlag von Dankbarkeit – angesichts der erfahrenen Hilfe – in Trauer über die eigene Armseligkeit markiert der Trugschluß, der Übergang von F-Dur nach c-Moll (T. 41 – 48). Die Klage wird aufgefangen im Choral der Hirten; nichts gerät aus den Fugen, suggeriert der stetige, von den Streichern begleitete Gesang – es gibt kein unerträgliches Leid im entsäkularisierten Bewußtsein. Häufungen von Tonrepetitionen in allen Stimmen (T. 85 ff.), regelmäßige Achtelbewegungen in der 2. Violine (T. 1–15), die vielen Terz- und Sextparallelen sind in allen Nummern das kompositorisch Vertraute, welches Sicherheit vermittelt.

Der Text beteuert, die richtige, also die von den Eltern gebilligte Gattenwahl garantiere das Glück, sie könne nach *freyem Sinn* getroffen werden, das heißt – gegen alle historische Erfahrung – unabhängig von ökonomischen Bedingungen. Doch dann nennt der Text andere Schranken einer freien Entscheidung: ein *Jüngling, dem das Thal zu eng*, der wäre schon eine Bedrohung. Die Geborgenheit in der Gemeinschaft verbietet die Geheimnisse, die ein Individuum sich bewahren wollte; nicht das eine Ich, das *Zweite Selbst* ist das Ergebnis, und der Wunsch wird nicht erfüllt, ein Individuum, anders als die anderen zu sein: *Du denkst tiefer als ich eine sah, / Aller die in unsern Hütten wohnen.* Als Realität spürte Annette Droste besonders 1820 den Versuch der anderen, einzudringen in das Private: *du willst wissen, wie mir ist, liebe Anna, das kann ich dir nicht sagen*; und sie wehrte sich: *Nun habe ich dir Alles gesagt, was du wissen kannst, daran halte du dich.* (8,51)

Sprichwörtlich war die Vorliebe des münsterischen Theaterpublikums für die so kostspielige Oper; die aber hatte noch jeden Prinzipal in den Ruin getrieben, auch bald August Pichler und seine *herrliche Schauspielergesellschaft*. (8,31) Den Enthusiasmus Meta Sprickmanns teilten viele: «Ich bin schon 27 mal dagewesen [...]. Das Geld zu einem neuen Wintermantel geht dafür hin.»[44] In Immermanns «Gespräch im Parterre» antwortet «B.» auf die Frage, warum er die Oper besuche: «Weil ich mich amüsieren will, weil Madame – so hübsch trillert – weil Demoiselle – die Tänzerin, allerliebst batiert, weil's dann donnert und blitzt, weil – mein Gott! – weil's Mode ist».[45] Auch Annette Droste ging oft in die Oper, im «Freischütz» war sie 1823 gleich dreimal. Und keineswegs beschränkte sich ihr Interesse auf das Repertoire des münsterischen Theaters; aus gedruckten Klavierauszügen oder eigenhändigen Abschriften von Arien hatte sie Mozarts «Don Juan» kennengelernt, von Carl Maria von Weber «Abu Hassan» und «Oberon», Opern von Gasparo Spontini und Vincenzo Righini, dazu Modestücke wie Ferdinand Kauers «Donauweibchen».

Nach dem Versuch mit der Oper *Babilon* gab es immer wieder andere Opernpläne, die aber bereits im Frühstadium scheiterten. Aus dem *Blauen Cherub*, dessen Text eng an das Drama «Tordenskiold» von Adam Oehlenschläger angelehnt ist, vertonte sie nur eine liedhafte Arie; zum *Galeerensklaven* schrieb sie lediglich die Fabel auf; der *Schatz von Tänzen und Liedern* waren bloß einige musikalische Motive für die *vaterländische Oper*, die schon vorsorglich *Trauerspiel mit Musik* genannten *Wiedertäufer*. (8,228) Dann, 1837, stand die Entscheidung fest, *für die nächste und zwar eine geraume Zeit die musikalischen Arbeiten den poetischen nachzusetzen*; ohnehin verspürte sie bei den *Wiedertäufern* mehr die *Lust [...] den Text zu schreiben*. (8,229) Später, als Robert Schumann sie über seine Frau Clara Wieck um ein Libretto bat, empfand sie bereits das *Operntextschreiben* als *etwas gar zu Klägliches und Handwerksmäßiges* (10,297) und antwortete erst gar nicht.

Seit 1775 gab es in Münster das Komödienhaus; nach barockem Vorbild waren das Parterre für das Bürgertum und auf den Rängen die Logen für den Adel voneinander getrennt. Zu Hause aber bestimmten längst auch beim Adel bürgerliche Muster das musikalische Leben: vor allem sang man, im Kreis der Familie, zum Klavier. Für fragwürdig galt inzwischen die Methode, nach welcher Ketteler den Kindern in Hülshoff das Klavierspielen beigebracht hatte – mit *kleinen Stückchen, und leichten Walzern* (9,25), die man bereits «in einigen Monaten» klimperte, «ohne daß man nur vorher erfahren» hatte, «wo man denn hinaus» wollte «und wie man es im Grunde der Seele anzufangen» hätte.[46]

Schon früh hatte Annette Droste auch zu komponieren begonnen und Klavierbegleitungen zu Liedern aus Christian Felix Weißes «Kinderfreund» geschrieben. 1821 unternahm es Maximilian von Droste-Hülshoff, mit «Einigen Erklärungen über den General-Baß und die Tonsetzkunst überhaupt» seiner Nichte die Theorie des Komponierens zu erläutern. Neben dem *Generalbaßbuch* ihres Onkels kannte Annette Droste *andere Werke über den Generalbaß* (8,64,73), zu denen sicherlich die 1816 in dritter Auflage erschienene «Kurze Anweisung zum Generalbaßspielen» von Daniel Gottlob Türk gehörte. Dabei galt das Generalbaßspiel, das heißt die improvisierende Ergänzung einer bezifferten Baßstimme durch Akkorde, schon als veraltet. In Ansätzen ging denn auch Maximilian Droste über jene Schulen hinaus, doch war sein handgeschriebenes Werk noch keine umfassende Kompositionslehre, die im Verständnis des 19. Jahrhunderts eine musiktheoretische Grundlage für die Praxis sein sollte. Wie es kennzeichnend war für die Ablösung der «leidigen Generalbaßschulen»[47] durch Kompositionsschulen, erschien im Buch des Onkels die Generalbaßlehre in eine allgemeine Abhandlung über Komposition integriert. Zwar wurde im *Generalbaßbuch* noch

Hausmusik. Gemälde von Hendricus Turken, frühes 19. Jahrhundert. – «Es wird
alle Tage recht viel Musik gemacht. Nette spielt und singt fleissig und Ferdinand
singt und spielt die Guitarre, wo wir alle des Abends mitsingen».
(Sophie von Haxthausen, Rüschhaus, 1826; G 146)

ganz traditionell der Schwerpunkt auf die Satz- und Harmonielehre gelegt, doch kamen als neuer Lehrstoff Instrumentenkunde, Gattungslehre
und Erklärungen über die Verwendungsmöglichkeiten der besproche-
nen Satztechniken hinzu. Annette Droste sollte Kompositionen beurtei-
len lernen; an eigenes Komponieren war nicht gedacht: sie müsse, schrieb
der Onkel, als er ihr eine «Trauer Cantate» zusandte, «die Noten so spielen lernen wie sie dastehen» und dürfe «vor allen keinen eignen Baß dazu
machen». (11,17)[48]

Während Annette Drostes Opernversuche im Schreibtisch blieben, fanden die Lieder aus nahezu zwei Jahrzehnten ein – privates – Publikum. Immer wieder mußte sie sich «abends [...] ans Klavier» setzen, etwas spielen und dazu singen: im Familien- und Freundeskreis, bei Besuchen in Hohenholte. «Ihr Spiel», schrieb Beneke, sei «fertig, etwas heftig und überschnell, zuweilen etwas verworren. Mit der größten Leichtigkeit» spiele «sie das Hauptsächlichste des Don Juan, und andere Hauptsachen, durch. Ihre Stimme» sei «voll», jedoch «oft zu stark und grell», gehe «aber sehr tief» und sei «dann am angenehmsten.» (G 115) So oft hat Annette Droste die eigenen Lieder gesungen, daß der blinde Schlüter sie 1877 nach dem Gedächtnis herausgeben konnte.

Die meisten ihrer Lieder sind Strophenlieder; die wenigen Versuche im durchkomponierten Lied blieben fragmentarisch (*Herbstnachttraum*). Nur drei der vertonten Texte stammen von ihr selber, andere fand sie in der Hülshoffer Bibliothek: von Goethe, Byron, Scott, Brentano, auch englische Balladen, spanische und madagassische Volkslieder. Vergleichbar sind diese Kompositionen nicht mit den Liedern von Franz Schubert, Fanny Hensel, Robert Schumann, Johanna Kinkel, nicht das Sololied mit selbständiger Begleitung ist der Maßstab, sondern all die Lieder «im Volkston», wie – orientiert an Goethes gemeinsam mit Zelter entwickelter Liedästhetik – die «Zweite Berliner Liederschule» sie gefordert hatte, Lieder eben für den Hausgebrauch. Eine einzige, meist periodisch strukturierte Melodie für alle Strophen ermöglichte rasches Erlernen; Wiederholungen, häufige Dreiklangsbrechungen und eine simple akkordische Klavierbegleitung erleichterten den Gesang und unterstützten zugleich den erwünschten Eindruck des Kunstlosen.[49] Schlicht also klingen viele von Annette Drostes Strophenliedern, deren Klavierpart oft einfach als bezifferter Baß notiert werden könnte (*Lied der Königinn von England*); in einigen fallen die Mängel im Wort-Ton-Verhältnis auf, wenn der Versuch, die passende Melodie für alle Strophen zu finden, scheitert und statt dessen Alternativen notiert werden müssen (*Indisches Brautlied*). Aber im Nicht-Regelgerechten ist als Gestus Irritation zu spüren (wenn diese auch musikalisch nicht gelang, weil die kompositorischen Möglichkeiten fehlten): die gegen die Betonung gesetzten Triolen, die gehäuften Vorschläge und der oft unmotivierte Wechsel in eine andere Tonart widersetzen sich in ihrer Häufigkeit dem Erlernten. Im Prosafragment *Bei uns zu Lande auf dem Lande* sind es Fräulein Sophies *seltsames Modulieren, diese kleinen, nach der Schule verbotenen, Vorschläge, dieser tief traurige Ton*, die eine *verhaltene Kraft* immerhin andeuten. (5,142 f.)

Um 1838 entstand das Lied *Der weiße Aar*, gesetzt in f-Moll, der Tonart, die nach dem *Generalbaßbuch* für «Totenmusiken, Misereres etc.»

geeignet war.[50] Der durchgehend allegorische Text, dessen Titel auf das Wappentier Polens verweist und an die Polenlyrik nach dem blutigen Aufstand von 1830 erinnert, ist ein Trauergesang auf den gescheiterten Befreiungsversuch im besetzten Land. Wird im Text noch von Behaglichkeit gesprochen, klingt es in der Begleitung längst nach der Gewalt, die von Gleichgültigkeit gestützt wird (T. 1–4), wenn sich im Forte marschrhythmisch Akkord an Akkord reiht. Die Übereinstimmung von Taktschwerpunkt und Vershebung demonstriert die Sicherheit desjenigen, den das Leid nicht zu erschüttern vermag. Das Lied ist spannungsgeladen durch die Dissonanzen (T. 2,3,5,6,9); auch verminderte Septakkorde sind darunter, die zu Beginn des 19. Jahrhunderts noch immer frappierten. So hält die Musik die Gewalt ständig gegenwärtig, beschreibt die Machtverhältnisse, in denen der eine sich sicher weiß in seinem *Haag* und der andere, der Geschundene, den *die Sonne ruft* (T. 6,7), heimatlos ist. In der Allegorie deutet der *Stier*, das Wappentier von Uri, auf die Schweiz. 1847 berichtete Annette Droste aus Meersburg *von den Urkantonen, ihrer Bewaffnung und Kampfart [...] – von dem Urner Signalhorn*, das *Stier von Uri* genannt werde, *eine ganze Schlacht* übertöne *und so fürchterlich* klinge, *daß in früheren Kriegen die feindlichen Feldherrn immer sehr den Eindruck auf ihre Truppen gefürchtet hätten.* (10,428 f.) Die Schweiz hatte 1836 das Asyl, das sie den am Savoyerfeldzug gegen Österreich beteiligten Polen gewährt hatte, aufgekündigt, auf Druck der «Heiligen Allianz», jener Mächte, die – wie Polen – den Adler im Wappen trugen: Preußen, Österreich, Rußland. Im Zusammenspiel von Sprache und Musik erst werden Ursache und Ausmaß des Leidens erkennbar: in der Begleitung lösen Arpeggien, gebrochene Akkorde, die schweren, gleichförmigen Harmonien des Anfangs ab, und Pausen verhindern geschlossene Bögen. Die abwärtsgerichtete Melodieführung und die Divergenz von Taktschwerpunkt und Vershebung (T. 5) lassen hören, daß vom Selbstbewußtsein des Heimatlosen die Rede nicht mehr sein kann; das Lied endet im Pianissimo auf der Subdominante – und die übliche Rückkehr zur Tonika bleibt aus.

Annette Droste wollte mit der Musik vor allem den anderen eine *Freude machen* (8,191), die Kompositionen waren immer auch der Tribut an die Geselligkeit. Als sie 1836 für ihren Schwager Laßberg eine Abschrift des «Lochamer Liederbuches» aus dem 15. Jahrhundert kopierte, dabei die meisten der Melodien modernisierte und mit einer Begleitung versah, entstanden eher Neukompositionen als Bearbeitungen. Für August von Haxthausen sollte sie 1840 *Wallfahrts- oder Arbeitslieder frommen Inhalts* sammeln; aber die Volkslieder im Münsterland waren, *über die Hälfte, lustigen und lockern Inhalts*, außerdem wurden *beim Spinnen die ordinairen Volkslieder* gesungen. (9,125) So fand sie das Passende nicht

bei ihren halbherzigen Recherchen. Da komponierte sie lieber selber –
und führte diejenigen in die Irre, die im romantischen Sammeleifer auf
der Suche nach Ursprünglichkeit waren und schließlich aufgeklärt werden mußten: *Ihr Gimpel! Wißt ihr nicht, daß ich die Lieder komponiert
habe?* (K 223)   Mirjam Springer

Die gedruckte Dichterin

Im April 1826 kehrte Annette Droste von Köln nach Hülshoff zurück. Das Jahr brachte einschneidende Veränderungen. Im Mai heiratete der Bruder Werner; für das zukünftige Familienhaupt mußte eine Art Nebenhauslösung gefunden werden, so wurde das Gut Wilkinghege bei Münster gepachtet. Einen Monat darauf starb Clemens August von Droste-Hülshoff – von Pastor Jürgens in der Leichenrede für «einen Heiligen» erklärt.[51] Wie es der Standesordnung entsprach, an der die meisten ‹stiftsadligen› Familien festhielten, übernahm der neue Stammherr Hülshoff. Der jüngere Bruder Ferdinand hatte, bis der Vater starb, anderthalb Jahre Forstwissenschaft – an der Akademie in Tharandt – studiert, was nachgeborenen Söhnen eine neuerdings akzeptable Laufbahn eröffnete. Zur praktischen Ausbildung ging er in der Folgezeit nach Herstelle an der Weser, wo Ferdinandine Heereman v. Zuydtwyck geb. von Haxthausen ein Gut und die Burg besaß. Therese Droste zog mit ihren Töchtern nach Haus Rüschhaus bei Nienberge, eine Stunde zu Fuß von Hülshoff entfernt gelegen. Zusammen mit fünf Kotten war Rüschhaus im Jahr davor als Witwensitz angekauft worden. Johann Conrad Schlaun – Architekt des Schlosses, des Erbdrostenhofes und der Clemenskirche in Münster, des Jagdschlosses Clemenswerth im ehemaligen Niederstift Münster, der Oranienburg in Nordkirchen, auch des Hauses Schücking in Sassenberg, wo von 1852 an Levin Schücking mit seiner Familie wohnte – der westfälische Barockbaumeister hatte das Rüschhaus in den Jahren 1745 bis 1748 als seinen Landsitz neu erbaut.

Für Annette Droste wurde an der Westseite des Hauses die «Hille», der Raum über den Ställen auf der Tenne, in vier schmale, niedrige Räu-

Haus Schücking in Sassenberg (Hintergrund); Gedenktafel für Louise Schücking auf dem Kirchhof von St. Johannes an der Stelle, wo ihr Grab war (Vordergrund). – Die evangelische Christin sprach von dem «unduldsamen stockkatholischen Lande» und verfügte testamentarisch: «Ich wünsche nicht in Sassenberg begraben zu werden auf daß einst meine Kinder mein Grab besuchen und die Stätte finden können wo ihre Mutter liegt […]. Ich bitte also meine Leiche nach Warendorf zu fahren.»[52]

Werner von Droste-Hülshoff (1798 – 1867). Gemälde von Carl Oppermann (?). –
Während der Stammherr, «mit sammt seiner Frau, nach Münster geladen» war,
«gerichtlich […], wegen der Ehpakten, und des Besitztitels», hatten die anderen
zu tun mit der Verteilung der sonstigen Habe: wo «die Stangen vom Wilkinghe-
ger Bett» geblieben waren, mußte herausgefunden werden; ob von den «Gemüse-
körben» einige von Hülshoff nach Rüschhaus abgegeben werden könnten; welches «Bügelbrett» dahin mitkomme, das aus Hülshoff oder ein anderes aus Wilkinghege. (8,85 f.)

me umgebaut: *1 Amme ihr Kämmerchen*, so steht es in einer späteren
Liste, *2 Zimmer vor dem Schlafzimmer, 3 Schlafzimmer, 4. Wohnzimmer.*[53] Besucher – hat Adele Schopenhauer berichtet – meinten im
Rüschhaus «fast» zu träumen, «anstatt zu leben». (G 300) Und draußen
war der Gewürz- und Gemüsegarten, der Baum- und Blumengarten mit

Ferdinand von Droste-Hülshoff (1800–1829). Gemälde von Carl Oppermann(?). – «Und du in meines Herzens Grund, / Mein lieber schlanker blonder Junge, / Mit deiner Büchs und braunem Hund, / Du klares Aug' und muntre Zunge». («Die Bank»)

den Sandwegen, dieser bunte Garten. Nur einmal, als Annette Droste krank war, deswegen *nicht selbst nachsehn* konnte, hatte der Gärtner, anstatt den Blumensamen *überall zu vertheilen, auf jedes Beet eine Sorte gesetzt* (9,224) – wie in einem Park statt im Bauerngarten.

Annette Droste lebte von der Leibrente, die sie aus Hülshoff bezog:

300 Reichstaler im Jahr, die Kapitalverzinsung mitgerechnet. Das waren keine glänzenden Einkünfte, aber doch hatte sie, so empfand sie es auch selber, eine reichliche Versorgung – die Einkünfte eines Domherrn aus seiner münsterischen Präbende betrugen 1805 genau 1214 Reichstaler, die des Domdechanten 6556, die der bürgerlichen Geistlichen beim Domkapitel im Durchschnitt 223 Reichstaler; 1820 verdienten in Preußen fast zwei Drittel der Volksschullehrer an den Stadtschulen weniger als 200, an den Landschulen ebenso viele weniger als 100 Reichstaler; 1841 erhielt in Münster der Gymnasialdirektor 800 Reichstaler, in Warendorf 500, die meisten Gymnasiallehrer 300, der Hilfslehrer Junkmann in Coesfeld 180; der Privatdozent Schlüter bezog seit 1843 ein *Gnadengehalt* (10,8) von 250 Reichstalern; Pauline Schücking, Levin Schückings Schwester, bekam 1844 als Erzieherin 28 Reichstaler bei freier Kost und Logis. Jenny von Droste-Hülshoff, verheiratete von Laßberg, hatte aus ihrer Hohenholter Präbende immer noch eine jährliche Pension von 273 Reichstalern, während die Hoffnung sich nicht erfüllte, die Clemens August von Droste-Hülshoff 1820 hegte, daß das Stift Freckenhorst wiedereingesetzt würde und seine jüngere Tochter dort eine Präbende erhielte. Als unter der französischen Regierung von Münster nach Telgte «ein Vassche weg gemacht wurde», eine für Wagen (‹vache›, ‹Wasche›) geeignete Straße, gab es neue Arbeit für Tagelöhner: «der grosse man» bekam für 7 Tage Arbeit umgerechnet 2 Reichstaler, «der mitelste man» die Hälfte.[54] In Nienberge arbeitete 1844 ein Weber 3 – 4 Tage für 1 Reichstaler, ein Spinner 10 – 15 Tage.[55]

Zeitweilig bangte Annette Droste um ihre Rente, als ihr Bruder in Hülshoff *Oeconomie* anfing, selber Landwirtschaft betrieb nach Wirtschaftlichkeitskriterien. Und nicht zu Unrecht zweifelte sie da an seinen Fähigkeiten. Aber sie dachte auch, es könne so weitergehen wie bisher, möglicherweise *knapp*, doch *im Ganzen [...] gesichert*. (8,237) 100 Taler gab sie als Kostgeld ab, die reichten zum Leben noch gut aus, als nach 1830 Catharina Plettendorf bei ihr wohnte. Zwar hatte der stiftsfähige Adel durch die Säkularisation seine Führungsposition verloren, die ihm aus Grundbesitz, Pfründen und Versorgungsstellen, Besitz arbeitsfreier Ämter, aus «Prestige und Herrschaftsmonopol» erwuchs, aber das Grundvermögen war ja erhalten geblieben, und seit mit Beginn der zwanziger Jahre in Preußen «der zweite Stand und der Geburtsadel wieder öffentlich und rechtlich» privilegiert wurden, erstarkte im katholischen Westfalen besonders der ehemalige Stiftsadel.[56] In Rüschhaus verlief das Leben, als hätte die altmünsterische Zeit nicht aufgehört.

An die neue Umgebung freilich mußten sich alle dort erst gewöhnen, sich einrichten in den engeren Verhältnissen. Anfangs wurde wieder mehr musiziert, gesungen, vorgelesen, Karten gespielt. An den Reisen nach Bökendorf nahm Annette Droste nicht mehr teil; dafür war nun ihr Bruder Ferdinand häufiger Gast im Haxthausen-Kreis. Wenn ihre Mutter verreist war, blieben Annette Droste die Aufgaben in der Haushaltsführung, nachher mit den Schwierigkeiten, das passende Personal zu bekommen. *Die Kammerjungfer hat hier Alles unter Händen,* erläuterte sie in einem Brief, *alle Kleider, Leinen- und Tisch-zeug, – sie dirigirt die ganze Wäsche, hilft an dem Groben tüchtig mit, und wäscht das Feinere gewöhnlich allein. – sie muß die Hauptsache thun beym Plätten und Fälteln, – und durchaus sehr gut Strümpfe zu stopfen verstehn [...]. – Haarkämmen ist auch eine Hauptsache.* (9,143) Endlich mußte die Rüschhauser Landwirtschaft überwacht werden; da kannte Anette Droste sich aus, wußte, wozu das Mergeln nötig war und auf welche Weise man aus der *Mergelgrube* (1,50) den Dünger für den Acker heraufholte, dann, wie der Vorrat für den Winter anzulegen war. Ihrer Mutter berichtete sie einmal nach Meersburg: *Wir haben unser Korn alle glücklich eingekriegt, und auch den Weitzen noch vor der Regenzeit in die Erde [...], jetzt haben wir die Kartoffeln aufgenommen, und ziemlich viele und gute bekommen [...], – Pflaumen haben wir viele gebacken, und ein Uebermaaß von Aepfeln eingescheuert, so daß wir einen großen Theil auf den Balken haben legen müssen.* Im Garten wurden außerdem *Erbsen, Melle [Melde], Spinat, Bohnen, Stengelrüben [Rübstiel]* geerntet (9,159,224); die Weinstöcke brauchten eine Abdeckung vor dem Frost, und der «Schoten Honig», der Wabenhonig, mußte ausgepreßt werden, wenn ihn nicht die Kinder längst gegessen hatten. (11,196) Selbstverständlich gab es ausreichend Personal in Rüschhaus: eine Magd, eine Kammerjungfer, einen Knecht und eine Köchin – *Mariechen, Lisbet, Herrmann, die Köchin.* (9,307) Und wenn die Köchin einmal krank war, kochte Herrmann: «Oh, ick sin jä siebben Jaohr Wicht wiäsen», Mädchen für alles, erklärte er dann. (R 309)

Die ersten Jahre in Rüschhaus empfand Annette Droste als schwierig; kein Wunder, daß unter den Krankheiten, die sie auflistete, so ziemlich alles vorkam, was *Unbequemlichkeiten* (10,444) sind und was ein Mensch für Krankheit ansähe, der unter Nummer 52 aufführen müßte: *Große Beängstigung, immerwährend,* und dann noch: *Große Schwermuth, mit Furcht vor einer Gemüthskrankheit, Todesgedanken, Verzweiflung an der Genesung, und den Kopf voll Sterbescenen.* (8,102) Bönninghausen trug in sein Krankentagebuch ein: «Fräulein Nettchen von Droste-Hülshoff / Einige 30 Jahr alt, blond und sehr aufgeregten Gemütes, mit ungewöhnlichem Verstande und ausgezeichneten Talenten für Poesie und Musik, litt seit längerer Zeit an Engbrüstigkeit».[57] Andere sprachen von «Einbildungen, Apprehensionen» – wie Werner von Haxthausen (W 126) –, von «allerley Ideen und Apprehensionen» – wie ihre Schwester Jenny (G 157) –, von «gänzlicher Lebensmutlosigkeit und Hypochondrie» –

schrieb Sibylle Mertens; sie befürchte, sagte sie auch, Annette Droste könne einer Krankheit erliegen, «für die man kaum einen rechten Namen» finde. (G 405) Und die Krankheit machte sie «aggresif». (G 294) Später, 1846 in Meersburg, diagnostizierte der Überlinger *Brunnenarzt* Franz Herght, ihr *tauge keine Medizin – ohne Ausnahme*, sie *sey in allen innern Theilen völlig gesund*, aber ihre *Nerven in einem Zustande der Ueberreizung, wie ihm noch nie vorgekommen*. (10,422) Anderthalb Jahre danach stellten die Ärzte ein Herzleiden fest.

Das Stück Subjektivität, das ein Individuum endlich erreicht hat, muß es noch, weil auf die Dauer der Körper solche Bedingungen nicht aushält und der Kopf nicht den Mangel an dem, was trotzdem alles fehlt, durch die Zerstreuungen wieder aufgeben. Jenny Droste beobachtete, daß ihre Schwester gar nicht klagte, wenn sie sich amüsierte, und dann kam es ihr so vor, «als wenn die Zerstreuung Nette ganz gesund machen würde». (G 157)

In Rüschhaus dehnten sich die Tage und die Nächte; *es hängt so hin*, hätte man sagen können. (9,12) Also war Annette Droste immer öfter und immer länger auf Reisen: im Mai 1828 wieder bei den Verwandten und Bekannten in Bonn, bei Sibylle Mertens, die seit einiger Zeit in Plittersdorf wohnte, bei Wilhelmine von Thielmann in Bad Godesberg jetzt. Im Herbst 1830 fuhr sie ein drittes Mal nach Bonn, für neun Monate; kurze Zeit soll sie mit einem «rheinländischen Gutsbesitzer» verlobt gewesen sein. (G 166) Mit Johanna und Adele Schopenhauer pflegte sie näheren Umgang, und sie lernte mehrere Professoren von der Universität kennen: den Theologen Joseph Braun, die Kollegen Clemens von Droste-Hülshoffs, der Professor für Kirchenrecht war – «die bürgerliche Heirath seines Vaters» Maximilian von Droste-Hülshoff hatte ihn «von seinem Stammgute in die Universitätscarriere getrieben». (R 178) Aber diese Schicht der Gesellschaft blieb ihr im Grunde fremd. Für mehrere Wochen zog sie nach Plittersdorf, um die schwerkranke Sibylle Mertens zu pflegen und deren Kinder zu versorgen. Von der Pariser Julirevolution bekam sie mit, was sie ihrer Mutter im Brief schilderte: *In Cöln haben die Schiffer den Wagen des Prinzen Albrecht ausgespannt und selbst gezogen, – die arme Prinzessin aber, wie sie den Zusammenlauf des Volkes gesehen und mitten auf der Rheinbrücke ist angehalten worden, hat gemeint, die aufrührerische Menge wollte den Wagen in den Rhein werfen, und hat ganz laut geschrieen und geweint, bis der Prinz sie beruhigt hat.* (8,116)

Von 1834 an hatte Annette Droste wieder einen literarischen Mentor, Christoph Bernhard Schlüter; zu seinem Kreis zählten Theologiestudenten und Literaten, auch Wilhelm Junkmann und Louise von Bornstedt. Im Spätsommer 1834 machte Annette Droste eine Reise in die Niederlande, besuchte unter anderem die befreundete Familie de Galliéris in

Christoph Bernhard Schlüter (1801–1884). Photographie, um 1864. – «Ich [...] bin ein Buch z. B. eine schlecht redigirte und geordnete Enzyklopädie aller Künste und Wissenschaften und vieler Notizen. Ihr Bild unter anderen steht auch in diesem Buch, duldet seinen Inhalt und wird von diesem geduldet.» (An Annette von Droste-Hülshoff, 11. Januar 1835)

Zutphen. Mit zurück brachte sie den Stoff zu einer *Criminalgeschichte*, dessen Aktualität sie freilich erst später entdeckte, nachdem sie schon die *Judenbuche* veröffentlicht hatte. Da erst konnte – unter dem Titel *Joseph* – der Bericht über den betrügerischen Kassierer Steenwick zur Darstellung von Zuständen werden: *Ein Spieler ist wie ein Betrunkener, wie ein Besessener, aus dem der Böse handelt wie eine zweite fremde Seele.* In der fragmentarischen Erzählung bildet dies Fremde ein metaphorisches Rätsel; weil aber ein Rätsel die Antwort schon enthält, heißt sie hier: Das ‹Fremde› greift den Charakter an. Indes wird die Zerstörung, die davon ausgeht, in der Öffentlichkeit selten bemerkt, dann nämlich bloß, wenn sichtbar gegen Ordnung und Gesetze verstoßen wurde. So wenig Gewicht hat der einzelne, daß von seinem Leben und Sterben, war nur sein Unrecht klein genug, niemandes Recht, der über ihm steht, spürbar zu tangieren, weiter kein Aufheben gemacht zu werden braucht. Die anderen kommen daher gar nicht in den Blick, obwohl *fast Jeder [...] irgend einen Nachschlüssel* hatte, mit dessen Hilfe er sich aneignete, was er rechtmäßig nicht bekommen konnte.

Auf dem Wiener Kongreß hatte Werner von Haxthausen den fürstlich-fürstenbergischen Delegierten Joseph von Laßberg kennengelernt, der im Oktober 1834 Jenny von Droste-Hülshoff heiratete. Nach der Trauung in Hülshoff übersiedelte also Annette Drostes Schwester auf Laßbergs Besitztum Eppishausen im Thurgau. Die späte Heirat Jenny Drostes war wie eine Nachwirkung des Verlusts stiftischer Privilegien; in altmünsterischer Zeit heiratete nur etwa die Hälfte der Söhne und Töchter aus den stiftsadligen Familien, mit denen Laßberg, der im Fürstendienst gestanden hatte, auch nicht vergleichbar schien.

Als Annette Droste im Juli 1835 zusammen mit ihrer Mutter nach Eppishausen reiste, plagte sie sich noch immer mit Veränderungen an dem Epos, das sie bereits 1827 begonnen hatte, dem *Hospiz auf dem großen St. Bernhard*, einer Erzählung in der Tradition von Klostergeschichte und Alpendichtung. Ein weiteres Epos war bald hinzugekommen, *Des Arztes Vermächtniß*, im Stil der Schauerromantik. Aber jetzt schrieb sie auch wieder Gedichte, darunter *Am grünen Hang ein Pilger steht* und *Der Graf von Thal*. Dann noch *Schloß Berg* – auf dem Gut des Grafen von Thurn-Valsassina war sie oft zu Besuch; dem Grafen würde nichts größere Freude bereiten, gab man ihr zu verstehen, *als ein Gedicht auf sein liebes Schloß Berg*. (8,184) Diese Besuche und die anderen Ausflüge füllten schon die Zeit; der lange Winter kam, überdies mit Krankheiten; am 5. März wurden Hildegard und Hildegunde von Laßberg geboren, das brachte vielfältige Beschäftigung; im Mai ereignete sich ein Unfall mit dem Wagen: Annette Droste war gezwungen, ihre *eigne Lebens-Ordnung* häufig *aus den Augen* zu *setzen*. (8,178)

Während sie im Gedicht *Am grünen Hang ein Pilger steht* die Sehnsucht nach der gewohnten Heimat beschrieb: *Wo bist du meine Nachtigall/ Mein Pappelgang am grünen Wall/ Wann zeigt sich leichter Wellen Ball/ Der gelbe Lotus mir*, schilderte sie im Brief an Christoph Bernhard Schlüter die Erfahrung einer südlichen Landschaft: *Es ist seltsam wie die Klarheit der Atmosphäre jeden Gegenstand heran rückt, ich bedarf hier nur einer guten Lorgnette um Meilenweit zu sehn, und dasselbe leisten Andere mit freyem Auge, – In Hülshoff habe ich den Spiegel eines, nicht fünf Minuten entfernten, großen Teiches nie deutlicher gesehn, (von meinem Zimmer aus) als hier am Reben-Häuschen den eine Meile fernen See, auf dem ich jedes Segel zähle, ja sogar in dem Städtchen Lindau, am j e n - s e i t i g e n Ufer, einzelne Gebäude unterscheide – Die Alpen-Häupter nun gar, denen nicht viel mehr Luft als K e i n e geblieben, scheinen oft so nah, daß man nur sogleich hinan gehn möchte.* (8,177)

Die Rückreise nach Rüschhaus im Herbst 1836 ging über Bonn, wo Annette Droste länger blieb als ihre Mutter, um die erste Ausgabe ihrer Gedichte vorzubereiten, und wenn Therese Droste, die *jedes öffentliche*

Auftreten, dieses bürgerliche Verhalten, *wie den Tod* scheute (8,219), wenig davon erfuhr, war es gewiß am leichtesten. Allerdings zerschlug sich das Bonner Vorhaben; nachdem schon Laßberg trotz seiner Verbindung zu Gustav Schwab, dem «poetischen Beirat»[58] des Cottaschen «Morgenblatts», nicht hatte helfen können, nützte auch Professor Brauns Vermittlung bei DuMont-Schauberg am Ende nichts. Schließlich entstand, als Annette Droste Anfang 1837 zurück in Rüschhaus war, der Plan, die Gedichte in einem münsterischen Verlag herauszubringen. Die Idee ging auf Schlüter und Junkmann zurück. Indes bedeuteten deren Ratschläge zur Konzeption des Buches und deren Entscheidungen für die Schriftstellerin Annette von Droste-Hülshoff, zumal bei der späten ersten Veröffentlichung, die falsche Orientierung. Während ihre Mutter im August 1837 wieder nach Eppishausen reiste, konnte Annette Droste es erreichen, daß sie nicht mitfahren mußte; sie verfaßte in dieser Zeit ein drittes Epos, ein *vaterländisches Stück* unter dem Titel *Die Schlacht im Loener Bruch* (8,283), so daß in der Ausgabe, die 1838 bei Aschendorff erschien, die Epen mehr als vier Fünftel des Umfangs ausmachten: *Das Hospiz auf dem großen St. Bernhard – Des Arztes Vermächtniß – Die Schlacht im Loener Bruch. A. 1623 – Gedichte vermischten Inhalts: Der Säntis, Am Weiher, Der Graf von Thal, Fragment – Geistliche Lieder nach den Sonn- und Fest-täglichen Evangelien. Proben aus einem größeren Ganzen: 1. Am Feste der heil. drei Könige, 2. Am Feste vom süßen Namen Jesus, 3. Fastnacht, 4. Am vierten Sonntage in der Fasten. Josephsfest, 5. Am Palmsonntage, 6. Am Montage in der Charwoche, 7. Am Charfreitage, 8. Am Charsamstage.*

Auf dem Titelblatt die halbe Anonymität war der Kompromiß, den Annette Droste selber ihrer Mutter im Brief vom 11. Februar 1838 angeboten hatte; anders wäre ihr der Eintritt in die literarische Öffentlichkeit gewiß nicht erlaubt worden.

Die Ausgabe war ein Mißerfolg. In einer Rezension stand etwas von zusammengereimten «sogenannten Poesien» und *Das Hospiz auf dem großen St. Bernhard* sei eine «Pfennigmagazinshistorie». (R 1669) «Das junge Deutschland», schrieb später Schücking, «hatte andere Töne angeschlagen, andere Stoffe dem öffentlichen Interesse zugeschoben, andere Formen zur Tagesherrschaft gebracht.»[59] 1834 hatten Ludwig Weidig und Georg Büchner im «Hessischen Landboten» gewarnt: «Wer die Wahrheit sagt, wird gehenkt, ja sogar der, welcher die Wahrheit liest, wird durch meineidige Richter vielleicht gestraft.» Die Wahrheit lautete: «Friede den Hütten! Krieg den Pallästen!»[60] Schon während der Entstehungszeit der ersten Droste-Ausgabe hatte Catharina Plettendorf den passenden Kommentar gegeben: *«O heer! wat beduurt se mi, dat se sick so quærlen möttet, et is akkroot es wenn ik so recht schlechte Doddheide spinnen mott,*

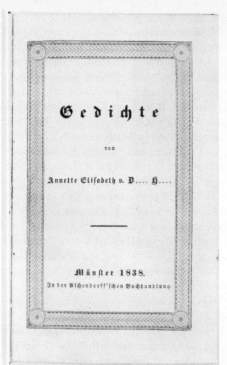

«Hier ist kein
ewig wiederholtes Klagen
um zerstörtes Liebesglück,
kein namenloses Sehnen
nach unbekanntem Ziel».
(Elise von Hohenhausen,
1838; R 12)

*ik möch wull Goorn dervon hebben, un auk wull gutt goorn, un et wett
doch nix esse klötte un worstbände».* (MA VI,26)

Viel erreicht hatte Annette Droste nicht mit ihren 41 Jahren. Als das
Buch erschien, hielt sie sich in Bökendorf auf. Das Urteil der dortigen
Verwandtschaft mußte sie hart treffen, denn die Form ihres literarischen
Werkes war noch gar nicht sichtbar: *Ferdinand (Galen) giebt die erste
Stimme, erklärt Alles für reinen Plunder, für unverständlich, confus, und
begreift nicht, wie eine, scheinbar vernünftige, Person solches Zeug habe
schreiben können.* (9,20f.) Therese Droste freilich, die in ihrer Angst vor
der Öffentlichkeit so zögerlich gewesen war, sah nun, daß ihre Tochter
wirklich ein Buch zuwege gebracht hatte, und schickte zwei Exemplare
nach Meersburg: Die Gedichte «scheinen mir sehr schön zu seyn», merkte sie an; «übrigens gefallen sie nicht überall, alles was zum Gelehrten
Stand gehört, ist für sie eingenommen, auch in der gebildeten Bürgerwelt
machen sie Glück, aber der Adel ist allgemein dagegen, sie behaupten sie

wären unverständlich [...], ich glaube es verdrießt sie daß ein adliges Fräulein sich so öffentlichen Meynungen aussetzt». (G 259 f.) Wo das Argument von anderen kam, spürte Therese Droste etwas vom Inhalt des Standesbewußtseins. In Rüschhaus, Hülshoff, auf der Meersburg hieß Annette Droste fortan – mit Laßbergs Formulierung – «die nun gedrukte dichterin». (G 271)

Eine Ausgabe mit Gedichten von Annette von Droste-Hülshoff hätte 1838 auch so aussehen können, daß Wilhelm Junkmann nicht auf den Einwand gekommen wäre, die Dichterin verfahre «mehr beschreibend als denkend» (R 863): *Lied eines Soldaten in der Ferne – Der Abend – Abendgefühl – Unruhe – Walther. Ein Gedicht in sechs Gesängen – Das Morgenroth schwimmt still entlang – Die ihr sie kennet des Lebens Freuden – Geistliches Jahr in Liedern auf alle Sonn- und Festtage.* Erster Teil: *Von Neujahr bis Ostermontag – Noth – Wie sind meine Finger so grün – Ledwina. Ein Fragment – Der Graf von Thal – Am grünen Hang ein Pilger steht – Klänge aus dem Orient.* In dieser anderen Ausgabe hätte im Zyklus *Klänge aus dem Orient* das Gedicht *Der Fischer* gestanden: *Wehe dem kleinen Fischerssohn! / Deß Vater fischen gegangen. / An den Strand*

Bauern beim Fischen in der Gräfte. Zeichnung von Annette von Droste-Hülshoff. – «Wenn bei sommerlicher Schwüle die Libelle von Schilf zu Schilf über dem Graben [von Rüschhaus] gaukelt, hört man das Schwirren ihrer goldschillernden Flügel; man hört das Schnalzen des Fisches, der sich im Wohlbehagen über seinen Wasserspiegel in die Höhe schnellt.» (Levin Schücking, 1852; R 138)

Handschrift des Gedichts «Der Fischer» (MA I, 71). – «Spricht Jesus zu ihnen:
Kinder, habt ihr nichts zu essen? Sie antworteten ihm: Nein. Er aber sprach zu
ihnen: Werfet das Netz zur Rechten des Schiffs, so werdet ihr finden. Da warfen
sie, und konnten's nicht mehr ziehen vor der Menge der Fische. Als sie nun austra-
ten auf das Land, sahen sie Kohlen gelegt und Fische darauf und Brot. Spricht
Jesus zu ihnen: Bringet her von den Fischen, die ihr jetzt gefangen habt! Simon
Petrus stieg hinein und zog das Netz auf das Land voll großer Fische, hundertund-
dreiundfünfzig. Da kommt Jesus und nimmt das Brot und gibt's ihnen, desgleichen
auch die Fische.» (Joh 21,5 f., 9 – 11,13)

*läuft er täglich hinaus, / Am Morgen, am Abend nicht minder, / Kehre Va-
ter! kehre zurück! / Und bringe die guten Fische! / Kleider reiche! Sandalen
auch! / Und rede freundliche Worte! / Denn die Mutter in Grämen ist
stumm, / Und der Gläub'ger nahm die Gewande.* (MA I,57) Kein reicher
Fischzug diesmal und also kein Erschrecken über unverdiente Gnade
wie bei den Fischern auf dem See Genezareth. Der Weheruf, anstatt den
Reichen, gilt den Armen. In der Heiligen Schrift hieß es: «Weh euch Reichen! denn ihr habt euren Trost dahin.» (Lk 6,24) Aber in der Wirklichkeit, die das Gedicht abbildet, sind es die Armen, die «ihren Trost dahin»
haben, und die Seligpreisung «Selig seid ihr, die ihr hier hungert; denn ihr
sollt satt werden» (Lk 6,21), nicht einmal sie erreicht die Hilflosen. Wie
aus dem Weheruf der Angstruf wurde, so entstand erst der erleidende

Wille des Subjekts im langen Zeitalter der Wehrlosigkeit. Unter der Drohung verliert im Gedicht sich das Mimetische der Verse, das im daktylischen und anapästischen Rhythmus nachklingt: aus Erwartung wird Zufluchtsuche. Die Wehrlosen sind Flehende, jedoch mit der unauslöschlichen Vorstellung, daß sie – jetzt schon, nicht einstens – satt werden und gekleidet gehen, keine Almosen empfangen und darum die Scham der Armut verlieren; daß Freundlichkeit sei aus Solidarität und Rede unter Gleichen. Noch schreien alle die Hungernden und Nackten und Barfüßigen nach innen, so daß sie den Frieden auf der Erde nicht stören; das Sprichwort gilt nicht, daß Not kein Gebot kenne. Und wenn die metrische Wiederholung (V. 2 f., 8 f.) ein zweites Mal Zufluchtsuche abbildet, endet diese vorerst bei denen, die nehmen, indem sie geben.

Vom fünften Westfälischen Provinzial-Landtag 1837 berichtete Johann Hermann Hüffer, Deputierter der Stadt Münster, daß der Landtag sich «nur [...] durch das immer greller hervortretende Bestreben» auszeichnete, «die Rittergutsbesitzer [...] zu begünstigen». Hüffer stellte den Antrag, «niemand» dürfe «ein Kolonat erkaufen, zu welchem er noch während der letzten fünf Jahre im gutsherrlichen Verhältnis gestanden», und «kein angekauftes Kolonat» dürfe «einem schon bestehenden Familien-Fideikommiß zugeschlagen werden». Die Verhandlung darüber konnte vertagt werden.[61]

Der Berliner Salon Elise von Hohenhausens diente als Muster für den literarischen Zirkel, den ihre Tochter, Elise Rüdiger, 1838 in Münster gründete: mit Henriette von Hohenhausen (Elise Rüdigers Tante), Wilhelm Junkmann, Levin Schücking, Louise von Bornstedt, Annette von Droste-Hülshoff, Carl Carvacchi, Hermann Besser, Johanna von Aachen, Christoph Bernhard Schlüter. Die Lesezirkel, wo sich Adlige und Bürgerliche, Katholiken und Protestanten, Münsteraner und Preußen trafen, neutralisierten die Gegensätze, wie diese überhaupt in den oberen Schichten durch das gesellschaftliche Leben überspielt wurden. In die Stadtverordnetenversammlung dagegen war 1835 kein Altpreuße und kein Evangelischer gewählt worden.

Bereits 1830 hatte Annette Droste Schücking kennengelernt; nach dem dreijährigen Studium der Rechtswissenschaft in München, Heidelberg und Göttingen war er nun wieder in Münster, aber es gab die «guten alten Zeiten» nicht mehr, die er später in seinem Roman «Das Stifts-Fräulein» beschrieb, als jeder «Herr Doktor» hieß, «der von der Universität heimkam».[62] Und weil er in Meppen geboren war, das zu der Zeit nominell noch zum Herzogtum Arenberg gehörte, seit dem Wiener Kongreß dem Königreich Hannover eingegliedert war, fand er in Preußen – als Ausländer – keine Anstellung, wurde gar nicht zum Examen zugelassen. In Karl Gutzkows «Telegraphen für Deutschland» hatte er verschiedene Artikel veröffentlicht, literarische Prosa und Feuilletons, vor allem Rezensionen, obwohl längst nicht die vierzig, die im Lustspiel *Perdu!* zwischen *Seybold, Recensent, und nebenbei Dichter*, und dem Verleger *Speth* ausgehandelt werden. Sein Schauspiel «Adam von der Kette», eine Darstellung der Verschwörung gegen den münsterischen Fürstbischof Christoph Bernhard von Galen im 17. Jahrhundert, war 1837 in Münster uraufgeführt worden. Schücking war arm, «erhielt thalerweise Unterstützung», gestand Elise Rüdiger später. (R 972) Dafür gaben ihm die «erstaunten Apfelweiber unterm Bogen in Münster [. . .] durch Ausrufungen zu verstehen», wie «schön» er sei – berichtete er selber. (M 262) Annette Droste schrieb an ihre Schwester: Schücking *hat, ohne Zweifel, das feinste Urtheil in unserm kleinen Klubb* (9,20) – in dem über Immermann, Alexander von (Ungern-)Sternberg, Ida Gräfin Hahn-Hahn, George Sand, Balzac, Freiligrath, schließlich über eigene Texte diskutiert wurde. Die Autoren des Jungen Deutschlands schätzte man hier nicht; Annette Droste sprach von *Gutzkow und Consorten* (9,38), im Lustspiel *Perdu!* wird Gutzkows Roman «Seraphine» durch *Willibald* mit der Bemerkung abgetan: *auch ein verschimmeltes Brod!* (MA III,4) Von Heinrich Laube sagte Annette Droste, als sie seine «Reisenovellen» gelesen hatte, er zeichne sich aus durch *Geist, Witz, Grimm gegen alle bestehende Formen, sonderlich die christlichen und bürgerlichen, – Haschen nach Effect, – Aufgeblasenheit [. . .], – Einseitigkeit.* (9,28) Kaum mehr hielt sie von den Lyrikern des Vormärz; nachdem ihr Gedicht *Warnung an die Weltverbesserer* 1843 in Hermann Marggraffs Anthologie «Politische Gedichte aus Deutschlands Neuzeit» wiederabgedruckt worden war, schrieb sie an Schücking: *So muß ich armes loyales Aristokratenblut da zwischen Herwegh, Hoffmann von Fallersleben et cet, paradiren.* (10,36)

Über Schücking berichtete sie im Brief an ihre Schwester noch: *Es ist seltsam, wie Jemand so scharf und richtig urtheilen, und selbst so mittelmäßig schreiben kann – er erinnert mich oft an Schlegel, ist sehr geistreich, und überaus gefällig, aber doch so eitel, aufgeblasen und lapsig.* Das Urteil blieb bestehen; allerdings, die Begegnungen mit Schücking in der *Hecken-Schriftsteller-Gesellschaft* (9,20) bei Elise Rüdiger auf der Rothenburg, einer der Hauptstraßen Münsters, wurden ihr – und Elise Rüdiger – persönlich wichtig, auch weil Schücking, der das Urteilsvermögen besaß, ihr sagte, daß sie eine Schriftstellerin sei. Er kam nun öfter nach Rüschhaus. Dort traf er «nicht mehr die elfenzarte Gestalt wie früher»; Annette Droste «war stärker geworden», «ihre Gesundheit darum nicht kräftiger». (SD 111 f.) Sie werde *so alt, dick, und unbehülflich wie ein Faß*, meinte sie selber. (9,17) Dann nahm sie sich vor, morgens und nachmittags im Garten umherzugehen, immer zwölfmal hin und zurück. Doch

Annette von Droste-Hülshoff. Gemälde von Johannes Sprick, 1838. – «Sie stehn vor deinem Bild und schauen / In dein verschleiert Augenlicht, / Sie prüfen Lippe, Kinn und Brauen, / Und sagen dann: ‹du seist es nicht, / Zu klar die Stirn, zu voll die Wange, / Zu üppig in der Locken Hange, / Ein lieblich fremdes Angesicht.›» («Das Bild»)

bereits während des Sommers 1839 in Abbenburg fand sie heraus, auf welche Art sie dem eigenen Vorsatz und den Vorschriften der anderen entgehen konnte: nicht weit vom Haus stand eine Linde *mit steinernem Tische und Bänken drum her, – dies ist der Ort,* berichtete sie Junkmann, *wo ich meinen guten Onkel zuweilen betrüge, und ganz ruhig schreibe,*

während er mich durch Feld und Wald rennend glaubt, um mir die über-
flüssige Körpermasse abzulaufen. (9,65 f.)

Geschrieben hatte sie, als sie im September nach Rüschhaus zurück-
kehrte, das *Geistliche Jahr* nun bis zum siebzehnten Sonntag nach Pfingsten; in einer vorläufigen Form beendet war der Zyklus im Januar 1840.
Zur Anschaulichkeit hatte Annette Droste gebracht, was in ihre Umgebung sich nicht einfügen ließ, darum erst nach ihrem Tod *öffentlich erscheinen* durfte (9,93) – auch wenn unter den Texten des zweiten Teils
sich Naturlyrik findet (*Am zwanzigsten Sonntage nach Pfingsten*, 1. Strophe), eine Ballade (*Am zwey und zwanzigsten Sonntage nach Pfingsten*),
wieder ein Liebesgedicht (*Am dritten Sonntage im Advent*, 1., 3. und
4. Strophe), ein Gedicht über die existentielle Angst (*Am letzten Tage des
Jahres. Sylvester*); selbst wenn die Texte gelegentlich an Kirchenlieder
erinnern (*Am sechzehnten Sonntage nach Pfingsten*), oft Paraphrasen der
Perikopen sind oder sich wie gereimte Predigten lesen, sich eingefügt
hätten in den vorherrschenden gesellschaftlichen Glauben der Zeit. So
wird im Lied zum zweiten Sonntag nach Ostern aus dem Evangelium
vom Guten Hirten, der endlich Sorge trägt für die Seinen, welche sonst
verloren sind, die Botschaft vom sozialen Ständestaat, in dem wohl die
Schuld gleich verteilt wäre. Und im Lied zum sechsten Sonntag nach
Ostern ist die Gleichheit durch das hierarchische Prinzip «Jedem das Seine» ersetzt: *Thu nur ein Jeder was er kann, / Daß hülfreich stehe Schaft an
Schaft; / Der Niedre schließe treulich an, / Der Hohe zeige seine Kraft: /
Dann weiß ich wohl wer Rettung schafft!* Wer sich um das Jenseits küm-
mert, weil er sich für das Diesseits plagen muß, spricht das Lied zum
zweiten Sonntag nach Pfingsten als Gebet, obwohl er dessen Inhalt schon
als Wirklichkeit kennt: *Drum sorge ferner nicht um deines Hauses Wände: / Des Eigenthümers Hände / Sind schützend drauf gelegt.*

Die absichernde Lehre vom Gottesgnadentum verkündigt das Lied
zum vierundzwanzigsten Sonntag nach Pfingsten, liefert für die gesellschaftlichen Verhältnisse, von deren Realität die Bibel spricht, die weiterhin gültige Rechtfertigung: *Gebt Gott sein Recht und gebts dem Kaiser
auch! / Sein Odem ists, der um den Obern schwebet.* Daher kann nach der
Mahnung *Aus Hochmuth nicht, in Eigenwillen hebet / Nicht eure Rechte
gen den heilgen Brauch* das Gedicht die Anrede *Brüder* verwenden, ohne
daß dieses Wort einen jeden sogleich an «Brüderlichkeit» erinnerte und
dann an «Freiheit» und «Gleichheit». Politik wird durch das Gedicht in
Moral übersetzt. Wo *Brüder* nicht mehr für Brüderlichkeit steht, wo statt
von Freiheit vom *freysten* die Rede ist, herrscht anstelle der Gleichheit
das Tauschprinzip: *So biete Jedem, was sein Recht begehrt, / Und nimm
von Jedem, was du darfst empfangen.* Von dem Recht, das erstritten werden mußte, ist hier infolgedessen gar nicht die Rede; erst wo Recht wie-

der abgetreten werden soll, erscheint seine politische Dimension, am Anfang des Textes und in der euphemistischen Wiederholung *Den Eltern gieb, und gieb auch Gott sein Recht!* Der Schöpfer des Rechts, das Subjekt, bleibt unverwechselbar mit dem *Knecht*, den ja nur der Herr glücklich nennt; wie sollte also unter der Bedingung von Freiheit noch *Ehrfurcht* eingeklagt werden, da sie doch in der Freiheit aufgehoben ist. «Was Ehrfurcht anlangt», hatte Klopstock einmal an Sprickmann geschrieben, «kann ich Wort und Sache nicht leiden».[63] Wie sollte Liebe eingeklagt werden, die – in Freiheit statt *in Fesseln* – keine fremde Orientierung mehr verlangte noch ertrüge: *Den Gatten lieb, und denk an Gott dabei!* Was unter den Bedingungen von *Fesseln [...] kein Mensch begehren soll*, ist in Freiheit sein eigen.

Auf dem achten Westfälischen Provinzial-Landtag 1845 führte ein Abgeordneter der Ritterschaft aus: «Die Gleichheit ist eine religiöse Wahrheit, die Jeder wohlthut zu beherzigen. Dieser Grundsatz hört aber auf, wahr zu sein, sobald er in's Weltliche übersetzt und zum Umsturz des Rechts und der Freiheit gemißbraucht werden soll.»[64] Auch in diesem Sinn hatte Annette Droste weltliche Lieder geschrieben.

Von November 1839 bis September 1841 dauerte für Annette Droste und Levin Schücking ihre Rüschhauser Zeit der Besuche und des Briefeschreibens: «Ein Mal in der Woche kam die alte Botenfrau und brachte einen Brief, ein Packet mit durchlesenen Büchern von Annette von Droste, worauf ich durch eine Sendung von neuen antwortete; ein Mal in jeder Woche auch, am Dienstage, wanderte ich nach Tisch zu ihr hinaus, über Ackerkämpe, kleine Haiden und durch ein Gehölz, an dessen Ende ich oft ihre zierliche kleine Gestalt wahrnahm, wie sie ihre blonden Locken ohne Kopfbedeckung dem Spiel des Windes überließ, auf einer alten Holzbank saß und mit ihrem Fernrohr nach dem Kommenden ausblickte.» (SL 1,154) Louise von Bornstedt verbreitete den *fatalen Klatsch* über die Beziehung zwischen Annette Droste und Levin Schücking, obendrein über die zwischen Levin Schücking und Elise Rüdiger; die *ganze so langsam und mühsam erkämpfte Freyheit* stand für Annette Droste auf dem Spiel. Ihre *Freyheit* definierte sie als *die passive Nachsicht* der Ihrigen mit ihrer *Weise zu seyn* und sich *zu den Menschen zu stellen*, ihr Verhältnis zu Schücking als das *einer Freundinn fürs Leben, und für jede Lage des Lebens* – so schrieb sie ausgerechnet an Elise Rüdiger. (9,106 f.) Im «Telegraphen für Deutschland» stand noch, in dem Artikel «Landschaften» von Friedrich Engels, der ein Bekannter Schückings war, über Westfalen: «Und dann die alten schönen Städte, vor Allen Münster mit seinen gothischen Kirchen, mit den Arkaden seines Marktes, mit Annette Elisabeth von Droste Hülshof und Levin Schücking.» (R 27)

Haus Rüschhaus. Zeichnung von Anna von Haxthausen, 1827. – «Ich denke mit
großer Liebe an Rüschhaus, an seine Räume, und wie sehr an seine Waldgegend
und Haide und Wasserblumen und seine tausend Insekten, Vögel, Katzen und
Hunde und Hühner! An seine sonderbaren Menschen, Maria und die Amme».
(Adele Schopenhauer an Sibylle Mertens-Schaaffhausen, 4. Mai 1843)

Ihrer Schwester – in Meersburg jetzt, seit Laßberg aus Furcht vor der schweizerischen Demokratie Schloß Eppishausen verkauft und dafür das Alte Schloß Meersburg erworben hatte – teilte Annette Droste mit, daß sie, weil sie *durchaus kein Geld* habe, die Mutter nicht begleiten könne auf der Reise an den Bodensee im Herbst 1840. Sie unterstützte ja den *Mahler Sprick in Münster, mit Frau und sechs Kindern,* dazu noch manche anderen. Als daraufhin ihre Schwester die Kosten des Aufenthalts übernehmen wollte, versicherte Annette Droste: *glaub' mir nur, es ist keine Plaisirlichkeit, weswegen ich hier bleibe, es ist wegen den armen kleinen Ferdinand [ihrem Neffen in Hülshoff], mit dem es so erbärmlich steht.* Das hatte sie wohl schon ihrer Mutter auseinandersetzen müssen, als diese ihr anbot, sie *umsonst mitzunehmen.* (9,112 f.,128 f.) Überhaupt reise sie nicht gern mit ihrer Mutter zusammen.

Annette Droste verfaßte jetzt, im Sommer und Herbst 1840, das Lustspiel *Perdu!,* bis Ende Juni 1841 die *Judenbuche,* unter dem Titel *Ein Sittengemälde aus dem gebirgten Westphalen,* und während der ganzen Zeit – in der sie sich beinahe übermütig fühlte – schrieb sie immer wieder Balladen, nebenbei, wie sie die Gespenstergeschichten erzählte. Schon daß sie der Messe wegen – im Winter bei dem schlechten Wetter – und zur Krankenpflege, die ihr als der unverheirateten Tante zufiel, doch

Annette Drostes «Schneckenhäuschen» (SL 1,155) im Rüschhaus, von ihr selber gezeichnet. – «Ein schlichter, braungebeitzter Tisch diente zum Schreiben […]. Ein winziger Flügel, aus der ersten Kindheit der Claviatur stammend, der wegen seines leisen Harfentons sich zur Begleitung des Gesanges vorzüglich eignete, stand dicht neben einem großen schwarzen Sopha, in dessen Kissen die Dichterin nach Art genialer Frauen mit untergeschlagenen Füßen zu ruhen, zu träumen, zu dichten pflegte.» (Elise Rüdiger, 1854; R 181)

zeitweilig nach Hülshoff umziehen mußte, änderte den vertrauten Umgang mit Schücking, der darüber Freiligrath berichtete: «Sie ist jetzt auf dem Gute ihres Bruders, wohin ich vor und nach hinausreite; da ist sie aber natürlich nicht mein Mütterchen mehr, sondern das gnädige Reichsfräulein.» (G 315) Gutzkows Angebot, die Redaktion des «Telegraphen für Deutschland» zu übernehmen, lehnte Schücking ab; Annette Droste fuhr im Frühjahr 1841 nicht nach Bökendorf; im Sommer fand sie ausreichend Gründe, den kommenden Winter wieder nicht in Meersburg zu verbringen; dann wurden von ihr noch die für den Herbst geplanten Besuche Adele Schopenhauers und Amalie Hassenpflugs abgesagt. Und als im August Jenny von Laßberg nach Rüschhaus kam (Joseph von Laßberg zog es nicht nach Westfalen, wo man, wie er doch gesehen hatte, «den tischwein aus kelchgläsern» trank[65]), da entwickelten sie den Plan, daß Schücking mit der Erstellung eines Katalogs der Laßbergschen Bibliothek beauftragt werden sollte und Annette Droste dieses Mal doch an den Bodensee reisen würde. Von all dem durfte natürlich Therese Droste vorerst nichts wissen. Die Konditionen der Anstellung teilte Laßberg seiner Frau nach Rüschhaus mit – auf einem besonderen Blatt, das dem Brief beigelegt war: «Freie Kost und Wohnung versteht sich von selbst. Mit dem Weine, den ich selbst teuer kaufen muß, kann ers halten, wie er will. Weniger Wein, desto mehr Geld und viceversa.» (W 149)

Meersburg. Aquarell von Emil Doll, 1821. – «Seit dem J. 1838 wohnt hier der Freiherr Joseph v. Laßberg, welcher seine Bibliothek und seine reiche Handschriftensammlung in dem feuerfesten Archivgewölbe der Bischöfe aufgestellt hat.» (Universal-Lexikon vom Großherzogthum Baden, 1844)

Verfasserin der «Judenbuche»

In dem Brief, den Annette Droste aus Meersburg an ihre Mutter schickte, stand: *So eben sagt mir Jenny, daß ich Dir schreiben solle, daß S c h ü c k i n g hier ist. [...] Laßberg hat ihn von Darmstadt, wo er sich gerade bei Freiligrath aufhielt, verschrieben, um einen Catalog von seiner Bibliothek zu machen; Laßberg ist ganz von selbst auf den Einfall gekommen.* Eine ähnliche Erklärung mußte sie sich für Elise Rüdiger ausdenken und war zu alledem auf deren Hilfe angewiesen: *Jetzt muß ich Sie bitten, wenn Sie J u n k m a n n sehn sollten, ihm einzuknüpfen, daß er der Mama ja nicht sagt, daß dieser Plan bereits im Reifen war als wir Rüschhaus verließen.* Aber es sprach sich ja doch alles herum: Therese Droste wußte es schon *durch die Hülshofer, denen es die Bornstedt [...] erzählt hatte,* die durch-

Die Meersburg mit Garten und Balkon, mit Hildegard und Hildegunde von Laß-
berg. Aquarell von C. Dopfinger, 1845. – «Ich steh' auf hohem Balkone am
Thurm, / Umstrichen vom schreienden Staare, / Und laß' gleich einer Mänade den
Sturm / Mir wühlen im flatternden Haare». («Am Thurm»)

aus nicht fähig war, *sich ein rein freundschaftliches Verhältniß zwischen
Männern und Frauen zu denken.* Das schrieb Annette Droste ausgerechnet wieder an Elise Rüdiger. Weiter noch: *Diese miraculeuse Luft weiß die
Gaben verständig zu vertheilen, ich werde mager, Schücking stark, so hat
Jedes was ihm Noth thut.* (9,260 f., 266,275 f.) Kein Wunder, daß Sophie von
Haxthausen ihrem Bruder August berichten konnte: «Nette ist so wohl,
daß sie alle Tage spazieren geht, gar nicht mehr bei Tage schläft
und nicht zu Bett liegt, ist sehr viel gesünder jetzt und hat den Schücking
bei sich in Meersburg». (G 354) Sogar Schlüter diktierte in sein Tagebuch: «Schücking war unterdeß Bibliothekar des Herrn von Laßberg geworden er ist dort mit Frl. von Droste zusammen.» (ST 4,3)
    Während Annette Droste nach zwei Jahren, als sie einen Brief an Le-
vin Schücking und seine Frau schrieb, aus ihrer Erinnerung die Aufforderung Schückings zitierte: *to, to, to, Möderken, ajas! nich still stohn!*

Annette von Droste-Hülshoff. Zeichnung (aus dem Nachlaß Sibylle Mertens-Schaaffhausens). – «Wenn Weiber über ihre Sphäre steigen / Entfliehn sie ihrem eignen bessern Selbst / Sie möchten aufwärts sich zur Sonne schwingen / Und mit dem Aar durch duftge Wolken dringen / Und stehn allein im nebelichten Thal». («Bertha»)

(10, 162) erzählten in der Familie Zimmermann, Kaufleute in Meersburg, die Kinder, daß Annette Droste «wie eine Katz auf die Bäume kletterte».[66] Diese Zeit in Meersburg mit den Spaziergängen am See war für Annette Droste das Wunschbild der Vergangenheit, die Projektion von Jugend. Schücking schrieb an Freiligrath: «Ich habe, wenn andere allenfalls einen Schatz, ein ganzes Trifolium, [...] das gute Dröstchen und meine Münstersche unglückliche Liebe und Dich». (G 360) Im Lustspiel *Perdu!* aber sagt Seybold zu Sonderrath über Anna von Thielen: *Es ist eine Frau – eine Frau wie du in deinem Leben noch keine gesehen hast.* (6,47) Schücking berichtete Freiligrath auch über die Literaturproduktion: «Die Droste unterbrach mich eben, indem sie in meinen Turm kam, um mir ihr Gedicht vorzulesen; täglich wird eines fabriziert; jetzt sind es schon 53.» (G 358) Darunter war *Abschied von der Jugend*: *Und die Jahre die sich langsam, / Tückisch reihten aus Minuten, / Alle brechen auf im*

Ein Zimmer auf der Meersburg, in dem Annette Droste gewohnt hat. Zeitgenössisches Aquarell von S. R. – «[…] und mein eignes Zimmer mit dem Kanapee und Stuhl am Ofen». (Annette von Droste-Hülshoff an Levin Schücking, 4. Mai 1842)

Herzen, / Alle nun wie Wunden bluten; / Mit der armen kargen Habe, / Aus so reichem Schacht erbeutet, / Muthlos, ein gebrochner Wandrer, / In das fremde Land er schreitet. Der Aufbruch war schmerzlich noch im Gedicht, erst recht mit den Vorstellungen, die eine Nähe zur zeitweiligen Umgegend behielten wie im Gedicht *Am Bodensee*: *Hältst nur umschlungen, läßt nimmer los?* Da fängt ein Ich an zu begreifen, daß seine Sehnsucht nicht wieder zurückfindet, daß sie nur in dem ‹Anderen› aufgehoben wäre: *O, schau mich an! ich zergeh' wie Schaum, / Wenn aus dem Grabe die Distel quillt, / Dann zuckt mein längst zerfallenes Bild / Wohl einmal durch deinen Traum!* Mit den Versen des Gedichts *Am Thurm* erscheinen die Umrisse der Meersburg, und was sich n i c h t ereignete, im Gespräch n i c h t vorkam – noch der Balkon der Burg ist an den Turm versetzt –, das wurde zur Metapher, welche die historische Freiheit des Individuums einklagt. Und das Schreiben definierte Annette Droste jetzt als Beruf, im Gedicht *Mein Beruf*, wo freilich diese Arbeit weiterhin Berufung bedeutet, zudem nach dem Muster der ständischen Ordnung ein Amt ist: *Bei der Geburt bin ich geladen, / Mein Recht soweit der Himmel tagt, / Und meine Macht von Gottes Gnaden.* Unter solchen Bedingungen wird die Moralität bestätigend, dann heißt Identität *Erinnrung* dessen, der eine *Seele* hat, die ihm den Traum ersetzt. Wie aber mit der Wiederholung des Motivs vom Gottesgnadentum in der achten Strophe das Gedicht nicht zu Ende ist, überschreitet es diese ‹abgerundete Form› und verändert die vertraute Bildlichkeit: *Doch wißt: wo die Sahara brennt,/ Im Wüstensand, steht eine Blume,/ Farblos und Duftes baar, nichts weiß/ Sie als den frommen Thau zu hüten,/ Und dem Verschmachtenden ihn leis/ In ihrem Kelche anzubieten./ Vorüber schlüpft die Schlange scheu/ Und Pfeile ihre Blicke regnen,/ Vorüber rauscht der stolze Leu,/ Allein der Pilger wird sie segnen.* Schön ist jetzt, an Stelle der blauen Blume der Romantik, die *farblose* Blume: als Wegweisung ins Offene.

Nach einem halben Jahr, Anfang April 1842, verließ Schücking Meersburg; Freiligrath hatte ihm beim Fürsten Wrede im fränkischen Ellingen eine Hofmeisterstelle vermittelt. Annette Droste blieb bis Ende Juli. Während Schücking nun, so sagte er selber, «trockene und gefühllose Notizen» nach Meersburg schickte (12, 56), schrieb Annette Droste Liebesbriefe: *Ob ich mich freue nach Haus zu kommen? – nein, Levin, nein – [...] ich gehe jeden Tag den Weg nach Haltenau, setze mich auf die erste Treppe, wo ich dich zu erwarten pflegte, [...] – auch dein Zimmer habe ich, hier wo ich mich Stundenlang in deinen Sessel setzen kann, ohne daß mich jemand stört, – und den Weg zum Thurm, den ich so oft Abends gegangen bin [...].* Nur die Spaziergänge *zum Figel*, zu der Weinschenke im Glaserhäusle, machte sie, allein, nicht mehr. *Schreib mir, daß du mich lieb hast,* stand noch in den Briefen; *ich habe es so lange nicht ordentlich gehört, und bin so hungrig darauf! [...] – aber du hast mich auch lieb, und denkst auch an mich an deiner Donau, – suchst Muscheln die wahrscheinlich nicht da sind, und hast schon Pflanzenabdrücke und zwey Steine für mich zusammen gehütet, – so ists recht! und wären es am Ende auch simple Kiesel – so soll man immer für einander denken und schaffen, um die Liebe in sich selbst frisch zu erhalten.* (9,260,289,296,299) Doch das Glück, das in die Wirklichkeit nicht paßte, hielt zuletzt auch der Verstand nicht aus.

Laßberg neckte seine Schwägerin *auf eine harmlose Weise* mit ihrem *«Seelenfreunde».* (9,310) Den Namen hatte er nicht erfunden, er wußte ihn von Schücking. Der sandte an die Schriftstellerin Louise von Gall, seine «ungesehene Braut» (M 76), einen Bericht über die «Seelenfreundin» (G 299): «Die Droste wird stark in den Vierzigern sein, und sieht noch älter aus, weil sie kränklich ist: da kann man jemanden wohl sehr lieb haben, aber – eifersüchtig braucht man doch nicht darauf zu sein.» (M 85) Schückings Ansinnen, bei einem Scheitern im Dienst des Fürsten Wrede zu seiner «alten arbeit zurükkeren» zu wollen, wies freilich Laßberg verbindlich, gleichwohl entschieden zurück. Er möge sich nicht abhalten lassen, nach Meersburg zu kommen, schrieb er ihm am 28. Februar 1843; aber ungeachtet bereits die Bedingung, die er nannte – wenn Schücking «gerade nichts besseres zu tun» wisse –, deutlich genug war, stellte er ihm noch vor, es sei wohl an der Zeit, daß er «sich um eine

Das Glaserhäusle über Meersburg. Zeichnung von Leonhard Hohbach, 1846. –
«Ist's nicht ein heit'rer Ort, mein junger Freund, / Das kleine Haus, das schier vom
Hange gleitet, / Wo so possierlich uns der Wirth erscheint, / So übermächtig sich
die Landschaft breitet». («Die Schenke am See. An Levin S.»)

fixe stellung [...] ernstlich» bewerbe.[67] Den Passus ließ Schücking aus, als er in seinen «Lebenserinnerungen» Laßbergs Brief abdruckte.

Während Schücking mit Louise von Gall als Romantik zelebrierte, was er als Umstände der Standesheirat kannte, bei der zuerst die Ehepakte den Bestand des ‹Hauses› sicherten, schrieb er in seine Romane Begegnungen hinein, die denen mit Annette von Droste-Hülshoff ähnlich waren, und Orte, die wohl Meersburg oder Rüschhaus, auch Hohenholte oder Freckenhorst hätten heißen können. In dem Roman «Das Stifts-Fräulein» las Annette Droste 1843, welche Rolle ihr in «Katharina von Plassenstein» zugeschrieben war: «Sie wissen, was ich von der Liebe halte [...], daß sie keinen Werth hat, weil keine Dauer; keine ächte Tiefe, weil keine Ruhe; daß sie nicht glücklich macht, weil ihr Beides fehlt und daß sie endlich viel zu sehr mit allerlei physischen Dingen in Rapport steht, als daß ich sie je achten könnte. Dafür halte ich alle Bande des Blutes für das Höchste im Leben». So steht es in dem Kapitel, über das Schücking später sagte, Annette Droste habe es geschrieben. Richtig gesehen war jedenfalls, daß die Schriftstellerin ohne Vorbilder niemals ihren Halt verlor, denn sie hatte tiefe Wurzeln, ständische Wurzeln eben. Annette Droste formulierte noch eine indirekte Antwort auf den Roman und an Schücking, *Das Ich der Mittelpunkt der Welt*. Das Gedicht gab sie Schücking für das «Morgenblatt» mit, im Mai 1844 bei seinem Besuch in Meersburg: Wenn das Ich nicht zum Subjekt werden kann – lautet die aufgeschriebene Erfahrung –, gewinnt das Individuum Liebe und Glück aus dem Vorrat der leiblichen Werke der Barmherzigkeit, der Caritas und der evangelischen Räte. Der Schluß des Romans «Das Stifts-Fräulein» enthielt Schückings Traum von der Standeserhöhung: «Bernhard» wird als «Reichsfreiherr von Schemmey» erkannt.[68] Gegenüber Louise von Gall behauptete Schücking, er sei adliger Abstammung, und da er zudem aussah «wie ein Cavalier», machte er sich einen Spaß daraus, «den Leuten die Hüte abzugucken». (M 188,213,215)

Erst 1873 kam sein Roman «Die Heiligen und die Ritter» heraus, in dem «Ludmilla von Uchtenberg» beschrieben wird, wie Annette von Droste-Hülshoff auf Bildern zu sehen war: mit den schmalen Händen, der «mächtigen und breiten» Stirn, den «zu großen» Augen. Und «Ludmillens Wohnzimmer» ist verwechselbar mit Annette Drostes «Schnekkenhäuschen» im Rüschhaus. Nur den Schluß erzählte Schücking wieder anders, als er ihn erlebt hatte: «Gerwin [von Tungern] hatte sein Buch ungefähr vollendet. Da es demselben an Gelehrsamkeit nicht fehlte, erleichterte es ihm sein Vorhaben, an einer süddeutschen Universität als Docent der Philosophie aufzutreten und die dazu nöthigen Vorbedingungen zu erfüllen. Seine geschwächte Gesundheit kräftigte sich dabei trotz seines eifrigen Arbeitens, dies nächste Ziel zu erreichen, in wunderbarer Weise. ‹Wenn der Himmel nur über uns blaut, wenn man den Menschen nur Sonne giebt!› sagte Justine... ‹Ludmilla geht es eben so, sie blüht auf, als ob sie schon jetzt eine junge Frau wäre.›»[69] Elise Rüdiger behauptete, «die Grundidee zu den meisten seiner spätern Erzeugnisse» habe Schücking «aus dem überquellenden Stoffreichthum» Annette Drostes «geschöpft», und sie gab deren Kommentar zu den «Ausführungen und Abänderungen» wieder, für die es ja schon Beispiele gab: «Er ruinirt mir alle meine Geschichten». (R 306) Annette Droste schrieb Vorausbilder, Schücking Nachbilder.

Auf seiner Reise nach Ellingen hatte Schücking in Stuttgart Station gemacht; er konnte den Druck der *Judenbuche* im «Morgenblatt» vermitteln. Bis heute in mehr als sechs Millionen Exemplaren verbreitet, in viele Sprachen übersetzt, ist die von den Zeitgenossen wenig beachtete Erzählung die literaturgeschichtliche Identität Annette von Droste-Hülshoffs geworden. Seit dem 22. April 1842 ging Annette Droste an den Wochentagen ins Meersburger «Museum», in das Lesekabinett, wo sie auch mit Schücking oft gewesen war, setzte sich auf seinen *Stuhl am Fenster* und verfolgte, *was das Morgenblatt* brachte (9,292): die *Judenbuche* in sechzehn Folgen. Die *Erzählung von dem erschlagenen Juden* (9,214) kannte Annette Droste aus Gesprächen in Bökendorf und Abbenburg; in der Gegend hatte sich das Ereignis 1783 zugetragen, und von August von Haxthausen war 1818 ein Bericht darüber erschienen (5,214–223): Der «Schutzjude Pinnes» hatte den «Knecht Hermann Winkelhannes» mit Erfolg verklagt, ihm für geliefertes Tuch den vollen Preis zu bezahlen; Winkelhannes hatte daraufhin den Juden erschlagen. Zuletzt schilderte der Bericht den Tod des Winkelhannes als Selbstmord: «Wie er aber an den Kiel gekommen, nicht weit von der Stelle, wo er vor 24 Jahren die Schuhe zur Wallfahrt ausgezogen, da hat er eine Leine von einem nahen Pflug genommen, und sich damit an einen Baum gehenkt und zwar so niedrig, daß er mit den Füßen das Herbstlaub unter sich weggescharret hat.»

Die Judenbuche erzählt nicht dieselbe Geschichte, sondern entwirft auf dem gleichen Hintergrund ein *Sittengemälde*. So kündigt es der gedruckte Untertitel an, den Annette Droste vorläufig als Titel genommen hatte; erst der Redakteur Hermann Hauff setzte als Titel über die ‹Novelle› im «Morgenblatt» *Die Judenbuche*. In Abbenburg 1839 hatte Annette Droste erlebt, daß die sozialen Bedingungen, die auch den Konflikt um Hermann Winkelhannes herbeigeführt hatten, unverändert geblieben waren. Seit eh und je lagen die Freiherren von Haxthausen mit den Bewohnern der umliegenden Dörfer im Streit um das Recht des Holzschlagens, sogar des Holzsammelns; nun sahen sich die ärmeren Schichten der Bevölkerung durch die Privatisierung der herrschaftlichen und

Haus Abbenburg. Zeichnung von Julie von Wendt-Papenhausen. – «Das Wilddieben und Holzstehlen geht überhaupt noch seinen alten Gang». (Annette von Droste-Hülshoff an Christoph Bernhard Schlüter, Abbenburg, 24. August 1839)

der genossenschaftlichen Wälder endgültig um das Material gebracht, das sie zum Bauen und zum Heizen benötigten. Dieser Eigentumskonflikt ist in der *Judenbuche* genau bezeichnet: *Große und ergiebige Waldungen* machen *den Hauptreichthum des Landes* aus – in dem Jahr, als die Erzählung erschien, wurde in Preußen jeder sechzigste Einwohner wegen Holzdiebstahls verurteilt. *Die Judenbuche* berichtet von den Auswirkungen der Verhältnisse auf die Menschen, auf den Charakter; um so stärker sind die Verformungen, je unwürdiger der geringste Anteil am Reichtum der Gesellschaft erarbeitet, ertrotzt, ergaunert, erbettelt werden muß. Als Friedrich Mergel geboren wird, heißt er noch *Sohn eines sogenannten Halbmeiers oder Grundeigenthümers geringerer Klasse*; aber die ökonomischen Bedingungen haben sich längst geändert: *fremdes Vieh weidete auf den Triften, fremdes Korn wuchs auf dem Acker zunächst am Hofe*. Vorher ist Hermann Mergel, Friedrichs Vater, *ein sogenannter ordentlicher Säufer* gewesen, *einer, der nur an Sonn- und Festtagen in der Rinne lag*; jetzt zählt er zu *den gänzlich verkommenen Subjekten*. Und die *fremden Mägde* bringen *Schimpf und Schaden*. Das alles ist so, weil ein Halbmeier leicht verkommt und weil Mägde auf ihren Vorteil bedacht sein müssen.

Margreth Mergel lebt, seit ihr Mann umgekommen ist, allein mit ihrem inzwischen zwölfjährigen Sohn. Da – zum ersten Mal, seit sie geheiratet hat – besucht sie ihr Bruder, Simon Semmler. Sie fragt: *«Willst du sehen, wie es mir geht und meinem schmutzigen Jungen?»* Was sagt sie aber? Es ist doch ihr Kind, das sie nicht hat verkommen lassen, und das Kind ist nicht aus der Art geschlagen. Für schmutzig gilt das Leben dort, wo sie beide angekommen sind, Mutter und Sohn. Von da unten sieht die Gesellschaft zweigeteilt aus, darüber sind die Höheren alle: der Förster, der Priester, der Freiherr, der Richter und auch die Gottesmutter mit ihrem Sohn, einer wie der andere läßt Gnade oder Ungnade statt Recht ergehen. Der nach 28 Jahren aus der Sklaverei Zurückgekehrte fällt auf die Knie bei dem Lied, das in der ersten Stunde des Weihnachtsfestes aus den Häusern schallt: *Ein Kindelein so löbelich / Ist uns geboren heute, / Von einer Jungfrau säuberlich, / Deß freu'n sich alle Leute.* Als *schmutzig* und als *säuberlich* unterschieden, so haben die Unteren, das *Lumpenpack*, unten und oben tagtäglich erfahren. Diese Ordnung ist wie ewig, und der Zurückgekehrte wird noch zum Geringsten unter denen, die nicht Brüder sind. Darum heißt er, wer er auch einmal gewesen sein mag, nicht anders als das *verkümmerte Spiegelbild* Friedrich Mergels, nicht anders als *der arme, unbeachtete Johannes*: heißt *Niemand*.

Margreth Mergel hat wohl eine Vorstellung von der Alternative, die es gäbe; sie weiß nur nicht, auf welche Art die Wahl des einzelnen zustande kommt: *«Fritzchen»*, sagt sie zu ihrem Sohn, *«willst du jezt auch fromm seyn, daß ich Freude an dir habe, oder willst du unartig seyn und lügen, oder saufen und stehlen?»* Sie weiß es nicht, obwohl sie erfahren hat, daß noch die Prügel, die sie bekam, mit in die Reihe zählten; daß Hermann Mergel, ihr Mann, an Liebe verlor und an allem, Liebe verlieren mußte gleich ihr, die dann über ihn sagen kann, als sie ihn ins Haus tragen: *«Da bringen sie mir das Schwein wieder!»* Wenn später die Leiche abgeholt wird, begreift Margreth Mergel für einen Augenblick, wie Liebe mit diesem Mann sein konnte: *«Zehn Jahre, zehn Kreuze. Wir haben sie doch zusammen getragen».* Nachdem sie keinem der Ihrigen mehr die Schuld an dem Elend geben kann, was sie tat nach Moral und Gesetz, beginnt sie zu verstehen, auf welche Weise, von wem und warum sie – und zugleich die anderen – um das Leben betrogen wurden: *«Höre, Fritz, das Holz läßt unser Herrgott frei wachsen und das Wild wechselt aus eines Herren Lande in das andere; die können Niemanden gehören.»*[70] 53 Jahre nach der Französischen Revolution, sechs Jahre vor der gescheiterten deutschen Revolution wird noch einmal definiert, worin Glück gegründet wäre: in der Gleichheit – nicht bloß vor dem Gesetz, sondern im Besitz. Aber die Vernunft bricht sich keine Bahn; die Ereignisse bestärken eher den Aberglauben, fördern den Verfall der Vernunft: *Der alte Mergel war das Ge-*

spenst des Brederholzes geworden; einen Betrunkenen führte er als Irrlicht bei einem Haar in den Zellerkolk (Teich); die Hirtenknaben, wenn sie Nachts bei ihren Feuern kauerten und die Eulen in den Gründen schrieen, hörten zuweilen in abgebrochenen Tönen ganz deutlich dazwischen sein: «Hör mal an, fein's Lieseken,» *und ein unprivilegirter Holzhauer, der unter der breiten Eiche eingeschlafen und dem es darüber Nacht geworden war, hatte beim Erwachen sein geschwollenes blaues Gesicht durch die Zweige lauschen sehen.* Friedrich Mergel zählt zu den Abergläubigen nicht: er *mußte von andern Knaben Vieles darüber hören; dann heulte er, schlug um sich.* Auch Simon Semmler, selbst wenn er bloß *gern einen aufgeklärten Kopf vorgestellt hätte,* zählt nicht zu ihnen. Dennoch bleiben die einzelnen ja austauschbar, so wenig Identität besitzen sie erst, und so wenig Gemeinschaft existiert selbst dort, wo es die Bindungen der Familie gibt: *Als* Margreth Mergel *wieder in die dunkle Küche trat, stand Friedrich am Herde,* heißt es; aber da hat sie ihr Kind verwechselt mit seinem *Spiegelbild,* mit Johannes Niemand, der Simon Semmlers *Schweinehirt* ist und vielleicht auch sein Sohn. Dieses Spiegelbild hat bereits das Aussehen *eines Verfolgten,* und Friedrich wird immer ähnlicher dem Spiegelbild anstatt sich selber.

Wie Friedrich Mergel an seinem angestammten Platz nicht bleiben will, die Stellung nicht behalten will, die ihm gebührt nach den Gesetzen, eröffnet sich ihm in der Verbindung mit den ‹Holzfrevlern› eine Möglichkeit, von ganz unten wegzukommen. Die Erzählung berichtet, daß er offensichtlich die *Blaukittel* – die, welche nach der Arbeitskleidung heißen – vor den Förstern warnt und dem Oberförster Brandis den *unrechten Weg* bezeichnet. Auf solche Weise gerät einer in das Verbrechen. Die Erzählung drängt die individuellen Motive zurück, damit auf den Eigentumskonflikt gezeigt wird als den Grund für die Verhältnisse, in denen das Unrecht entsteht. Zur Gesellschaft gibt es eben keinen kategorialen Gegensatz des Charakters: Friedrichs *Natur war nicht unedel, aber er gewöhnte sich, die innere Schande der äußern vorzuziehen […], und da ein sehr empfindliches Ehrgefühl ihn die geheime Mißbilligung Mancher nicht übersehen ließ, war er gleichsam immer unter Waffen.* Seine «Jugend» ist ihm «wie ein Schorf: / eine Wunde darunter, / da sickert täglich Blut hervor», davon ist er «so entstellt».[71] Die nicht bezahlte Uhr, stolz vorgezeigt auf dem Hochzeitsfest bei den Bauern, ist wie der materialisierte Wunsch, einmal für etwas, das man sich nicht verdient hat, nicht bezahlen zu müssen.

Friedrich Mergel war *ein Mensch,* heißt es weiter, der *durch seine gefürchtete Kühnheit und noch mehr gefürchtete Tücke ein gewisses Uebergewicht im Dorfe erlangt hatte, das um so mehr anerkannt wurde, je mehr man sich bewußt war, ihn nicht zu kennen und nicht berechnen zu können, wessen er am Ende fähig sey.* Nur der ist dann fähig, der Herrschaft zu trotzen, wie er mit den Übertreibungen in der dennoch gewahrten Form ihren gegenteiligen Inhalt ausdrückt: *Der beliebte Tanz ward gespielt* auf dem Hochzeitsfest, *und Friedrich machte Sätze vor den Augen seiner Herrschaft, daß die Kühe an der Tenne die Hörner zurückzogen und Kettengeklirr und Gebrumm an ihren Ständern herlief. [...] «Jezt ist es gut!» sagte er endlich und trat schweißtriefend an den Kredenztisch; «die gnädigen Herrschaften sollen leben und alle die hochadeligen Prinzen und Prinzessinnen, und wer's nicht mittrinkt, den will ich an die Ohren schlagen, daß er die Engel singen hört!» – Ein lautes Vivat beantwortete den galanten Toast. – Friedrich machte seinen Bückling. – «Nichts für ungut, gnädige Herrschaften; wir sind nur ungelehrte Bauersleute!»* Der andere, der gänzlich Abhängige, Johannes Niemand, versucht währenddem, *sich ein halbes Pfündchen Butter für die kommende Dürre zu sichern*, und der kleine Dieb wird ertappt, steckt die Schläge und Fußtritte ein. Selbst Friedrich Mergel erwischt es noch, er ist nicht weit genug emporgekommen: *Eine große, unerträgliche Schmach hatte ihn getroffen, da der Jude Aaron [...] plötzlich erschienen war, und nach einem kurzen, unbefriedigenden Zwiegespräch ihn laut vor allen Leuten um den Betrag von zehn Thalern* –für die Uhr– *gemahnt hatte.* Aber ihn zu schlagen, das wagt keiner mehr.

Wer ein Verbrechen begeht, hat ein Motiv; jetzt ist diejenige Gesellschaft beschrieben, in der das Verbrechen geschehen wird – wer immer es dann ausführt –, nachdem ein Motiv schon öffentlich existiert. Und die Argumente sind billig, wo der Schuldige von vornherein feststeht: *Der Anklage bedurfte es nicht, da Herr von S. selbst Zeuge eines Auftritts gewesen war, der den dringendsten Verdacht auf* Friedrich Mergel *werfen mußte; zudem die Gespenstergeschichte von jenem Abende, das Aneinanderschlagen der Stäbe im Brederholz, der Schrei aus der Höhe.* Ohne Umstände geht nun alles vonstatten: *Da der Amtsschreiber gerade abwesend war, so betrieb Herr von S. selbst alles rascher, als sonst geschehen wäre.* Dann hauen die Juden eine Inschrift in den Baum, unter dem der Mord wahrscheinlich verübt wurde, eine hebräische Inschrift, die also keiner sonst entziffern kann. Diese Leseerfahrung ist aber schon das erzählte Bild von Gesellschaft und Minderheit, von Zugehörigkeit und Nicht-Zugehörigkeit, und davon, wie die Nicht-Zugehörigkeit eine unbestimmte Bedrohung darstellt – die jedoch benutzt werden kann: das Verbrechen, das am Ende geschehen ist, wenn eine Leiche in der Buche hängt, wird für Rechtsspruch und Strafe genommen. Keine Argumente haben mehr gezählt – daß ein anderer gestand, einen Juden mit Namen Aaron im Wald erschlagen zu haben; daß Friedrich Mergel *vielleicht der Holzfrevel wegen, mit denen* die Polizei *gerade in Untersuchung* war, geflohen ist. Paßt sie ins Kalkül, wird in der christlichen Welt sogar aus einer jüdischen Prophezeiung noch Realität: *Wenn du dich diesem Orte nahest, so wird es dir ergehen, wie du mir gethan hast.* Die Realität heißt: Wer tot bei diesem Baum gefunden wird, ist einfach der bestrafte Mörder. Würde jetzt der Tote für Johannes Niemand erklärt, müßte ein neuer Fall untersucht werden, müßte nach dem Mörder Johannes Niemands gefahndet werden, und zudem bliebe der alte Fall ungelöst; wird der Tote für Friedrich Mergel erklärt, gelten beide Todesfälle, der Aarons und der Friedrich Mergels, für aufgeklärt. Was für sich genommen, in abgetrennten Verfahren, untersucht und aufgedeckt werden müßte, das kann wechselseitig sich stützen und so sich festigen im fast allgemeinen Glauben, der in dem wissenden Gestus bekräftigt wird, mit dem die Übersetzung der Inschrift den Schluß der Erzählung bildet. Daß derselbe Erzähler sich wiederholt geirrt hat, mag dann bereits vergessen sein; unmittelbar vor der Übersetzung steht aber noch ein falsches Datum: am 24. Dezember 1788 war der Heimkehrer angekommen; im September desselben Jahres, versichert der Erzähler nun, hätten sich sein Verschwinden und die Entdeckung der Leiche *nach allen Hauptumständen wirklich so begeben.* Nur die sogenannten Nebenumstände waren dann möglicherweise anders. Die *Hauptumstände* im ‹allwissenden› Erzählen sind Erkenntnisse aus der «Geschichte des Menschen»[72], der Sozialgeschichtsschreibung: Was kann aus dem *Lumpenpack* schon werden? Das säuft und stiehlt, kennt kein Gebot und kein Gesetz. Doch ist nichts so fein gesponnen, es kommt doch an das Licht der Sonnen. Die *Hauptumstände* kondensieren zu Sprüchen und Sprichwörtern; in der Erzählung werden indes auch die Nebenumstände veranschaulicht, die nicht in jenem ‹allgemeinen› Wissen aufgehoben sind: daß die Ärmsten noch ärmer werden und die Reichen immer reicher; daß die Gesetze die bestehende Gesellschaftsordnung stützen, also jene Entwicklung legalisieren und garantieren, weshalb man weiß, wer gegen die Gesetze verstoßen muß.

Zu den Nebenumständen gehört zuletzt die Schilderung, wie die Leiche abgenommen wird: *Sie waren unter der Buche angelangt. «Ich sehe nichts,» sagte Herr von S. – «Hierher müssen Sie treten, hierher, an diese Stelle!» – Wirklich, dem war so: der Gutsherr erkannte seine eigenen abgetragenen Schuhe,* die er dem Zurückgekehrten geschenkt hatte. *«Sezt die Leiter an!»* befiehlt er. Zu den Nebenumständen gehört die Tatsache, daß ein Mann, über den der Gutsherr gesagt hat: «*Wenn der armselige Krüppel [...] auch nur in einen trockenen Graben gefallen ist, so kann er nicht wieder heraus»,* daß dieser Mann nach den Gegebenheiten sich nicht selbst erhängt haben kann.

Entstanden war *Die Judenbuche* als Teil eines größeren Werks über Westfalen. Dessen ursprünglichen Titel – *Bei uns zu Lande auf dem Lande* – behielt ein Fragment, in dem ein Genrebild entworfen ist von «einer wunderbar naiven Zeit», da bedeutete die Umgegend Heimat; *Sitten und Eigenthümlichkeiten* (8,329) waren natürliche, gewachsene, keineswegs erzwungene; es herrschten die geordneten Verhältnisse: *Hier ist Alles so feststehend, man weiß so genau, was Jeder gilt.* Damals waren, heißt es, alle Menschen gut, welchem Stand sie auch angehörten; allen ging es gut, den Reichen und den Armen. Darum zeigte sich das Land als *nährend und behaglich: Bettler in dem Sinne wie anderwärts giebt es hier keine, aber arme Leute, alte oder schwache Personen, denen wöchentlich und öfter eine Kost so gut wie den Dienstboten gereicht wird; ich sehe sie täglich zu dreien oder mehren auf der Stufe der steinernen Flurtreppe gelagert, ärmlich aber ehrbar und Keinen vorübergehen, ohne sie zu grüßen.* Dann freilich folgt der Bericht über den *Sohn des Müllerhauses*, der vor Entbehrung *ganz irre* geworden ist, und die Atmosphäre des ‹Heimatromans› will sich nicht mehr so recht einstellen, selbst wenn noch nach Art eines Reiseführers das Reiterrelief beschrieben wird: *über dem Thore der steinerne Kreuzritter mit seinem Hunde*; wenn der Roman wie eine Familienchronik die Angehörigen vorstellt – ihre *lieben Eltern*, sagte Annette Droste, seien *so deutlich* zu erkennen, *daß man mit Fingern darauf zeigen* könne (9,250); wenn der Text schließlich, als wäre er eine Autobiographie, die Figur zeichnet, welche *Fräulein Sophie* heißt. Und am Schluß entsteht die geschichtliche Dimension des Biographischen, skizzenhaft, das Genrebild wird zerstört: *Dreyundzwanzigstes Kapitel, Fall vor der Saalthüre und Stöhnen, Müllersche, Große Bewegung, Clemens Laterne am Strauche hängend gefunden, Leute ausgeschickt, – Fräulein indessen spatzieren, fast ohnmächtig zurück gekommen, grade dazu kommen, als die Leiche aus dem Wasser gezogen wird, schönes Mädchen weinen, Tochter krampfhaft zu Bette gebracht – Müllersche schnell gefaßt, – ganzes Haus consternirt, – Frau sehr erschreckt, sagt man müsse jetzt die Abreise beeilen, Jan Fiddel sich umbringen wollen. Vierundzwanzigstes Kapitel, Vorbereitungen zur Abreise, – schnell, – Abreise.*

Am Ende der negative Entwurf bestimmt auch den dritten Westfalen-Text, der 1845 erschien, anonym, lediglich die geographische Herkunft ‹des Verfassers› verratend: *Westphälische Schilderungen aus einer westphälischen Feder.* Das Paderborner Land wird beschrieben in seinem Gegensatz zwischen dem sichtbaren Reichtum, den *unabsehbaren Getraidfeldern*, und den *elendesten und rauchigsten* Dörfern, die es in Westfalen gibt. Geradezu Hilflosigkeit zeigt der Text aber, wenn er den Ursachen für solchen Widerspruch nachgeht: *Jeder erübrigte Groschen […] wird hier am liebsten von dem Kind der Armuth sofort dem Wirthe*

Heinrich I. von Droste-Hülshoff (1500 – 1570). Relief, Anfang des
17. Jahrhunderts (heute am Gärtnersturm von Haus Hülshoff). – Der
erste namentlich bekannte (1209) Ahnherr ist Bernhard I. von
Deckenbrock, Eigentümer des Oberhofes Deckenbrock im Kirchspiel
Everswinkel/Bistum Münster. Engelbert I. von Deckenbrock, seit 1266
Droste (Truchseß, Verwalter) des münsterischen Domkapitels, erscheint in Urkunden auch unter dem Amtsnamen «Drosete», «Droste» oder der lateinischen Bezeichnung «Dapifer». Droste Johann IV.
von Deckenbrock kaufte 1417 den Hülshof. Seit Johann V. (1421 – 1462)
wurde der Name «Droste zum Hülshofe» oder «von Droste-Hülshoff»
gebräuchlich.[73]

und Kleinhändler zugetragen [...]. Wirklich stehen [...] manche Pflichten seinen mit der Muttermilch eingesogenen Ansichten vom eigenen Rechte zu sehr entgegen, als daß er sie je begreifen sollte, – jene gegen den Gutsherrn zum Beispiel, den er nach seinem Naturrecht gern als einen Erbfeind oder Usurpator des eigentlich ihm zuständigen Bodens betrachtet [...]. Noch empörender scheinen ihm die Forst- und Jagdgesetze, da ja «unser Herrgott das Holz von selbst wachsen läßt, und das Wild aus einem Lande in das andere wechselt.» Also stiehlt er das Holz und das Wild; «gestohlen Brot schmeckt gut», wissen diejenigen, die kein eigenes haben. Das aus den *Westphälischen Schilderungen* Zitierte hört sich an wie *Die Judenbuche* in anderer Perspektive oder als hätte Annette Droste einen Brief der paderbornischen Verwandtschaft abgeschrieben. Und wie das Protokoll über die Erfahrungen, die sie selber bei der Erziehung der Dienstmädchen gemacht hatte, lesen sich die Ausführungen über den Zusammenhang von Moral und Hierarchie: *Ueber das Verderbniß der dienenden Classen wird sehr geklagt; jedes noch so flüchtige Verhältniß zwischen den zwei Geschlechtern müsse streng überwacht werden von denen, die ihr Haus rein von Scandal, und ihre weiblichen Dienstboten in dienstfähigem Zustande zu erhalten wünschen.*

Als intakte patriarchalische Ordnung ist dagegen das Münsterland geschildert: *Der Münsterländer heirathet selten, ohne ein sicheres Auskommen in der Hand zu haben, und verläßt sich, wenn ihm dieses nicht beschieden ist, lieber auf die Milde seiner Verwandten, oder seines Brodherrn, der einen alten Diener nicht verstoßen wird.* Die Moralität der Gesellschaft bildet sich hier durch das Vertrauen der Armen auf die Güte der Reichen. Dann hat jeder, was ihm zukommt: *So ist Raum, Nahrung und Frieden für Alle da.* Nur durch die Bildlichkeit der Sprache verrät sich die Idylle als Gewaltverhältnis: *Auch auf dem Felde kannst Du im Gefühl der tiefsten Einsamkeit gelassen fortträumen, bis ein zufälliges Räuspern, oder das Schnauben eines Pferdes Dir verräth, daß der Schatten, in den Du so eben trittst, von einem halbbeladenen Erndtewagen geworfen wird, und Du mitten durch zwanzig Arbeiter geschritten bist.* Und gegen Schluß berichtet die Erzählung von den *Vorschauern*, die nicht sehen, was wie beschrieben existiert, sondern ankündigen, was wieder sein wird, dies als Fremdes ankündigen, weil es anders noch unvorstellbar bleibt – bis die Ansicht von der Wirklichkeit sich verändern wird, die Erkenntnis sich durchzusetzen beginnt, daß die Peitsche des Herrn die Wirklichkeit des Sklaven ist: *Der Vorschauer sieht Leichenzüge – lange Heereskolonnen und Kämpfe, – er sieht deutlich den Pulverrauch und die Bewegungen der Fechtenden, beschreibt genau ihre fremden Uniformen und Waffen, hört sogar Worte in fremder Sprache [...]. Der minder Begabte und nicht bis zum Schauen Gesteigerte «hört» – er hört den dumpfen Hammerschlag*

auf dem Sargdeckel und das Rollen des Leichenwagens, hört den Waffen-
lärm, das Wirbeln der Trommeln, das Trappeln der Rosse, und den gleich-
förmigen Tritt der marschirenden Colonnen. – Er hört das Geschrei der
Verunglückten, und an Thür oder Fensterladen das Anpochen Desjenigen,
der ihn oder seinen Nachfolger zur Hülfe auffordern wird.

Der *Vorschauer* ist eine literarische Metapher, der Text aber «ein Wort
zur Zeit», wie es bald im «Westphälischen Dampfboot» stand: «Ich las
nicht in den Sternen, hörte kein Leichhuhn, sah keine Vorgeschichten,
bin kein Prophet, habe keine höheren Offenbarungen, habe Nichts als
meine gesunden Augen und Ohren und ein liebend Herz. Und so trete
ich vor Euch, Euch zu sagen, was Ihr Alle wißt, Euch zu zeigen, was Ihr
fühlt und denkt, was Ihr seid und was Ihr werden könnt.»[74]

Annette Drostes *Aufsatz* war ursprünglich für einen Beitrag gedacht,
den Schücking in dem Sammelband «Das malerische und romantische
Deutschland im 19. Jahrhundert» veröffentlichen wollte, jedoch kam das
Projekt nicht zustande. Welche Wirkung ein separater Druck der *West-*
phälischen Schilderungen haben würde, hatte Annette Droste geahnt:
Wer giebt uns die Erlaubniß, schrieb sie an Schückin̄g (10,13), *Leute die*
uns nie beleidigt haben in ihrem eignen Lande zu höhnen. Aber indem sie
doch eine Ausnahme zulassen wollte: *etwa unter der Aegide eines tiefern-*
sten wissenschaftlichen Zweckes, zeigte sich, wie wenig sie von wissen-
schaftlicher Arbeit verstand, daß sie hier also gar nicht in der Lage war,
die Phänomene auf ihren (geschichtlichen) Grund zurückzuführen. Das
geschah erst in den «Berichtigungen», die in derselben Zeitschrift, den
«Historisch-politischen Blättern für das katholische Deutschland», erschienen. Dem ‹Verfasser› der *Westphälischen Schilderungen*, «einem
Westphalen – ohne Zweifel dem alten Adel angehörend», wurde der Zusammenhang von Armut und Gesetzgebung erklärt, am Beispiel der
Jagdgesetze, die das herrenlose Wild den Herren zusprachen und den
Jagdschaden den Knechten beließen; erläutert wurde ‹ihm› die Verbin-
dung zwischen Ökonomie und Herrschaft: «Wer nicht muß, der dient
nicht bei Andern, und wer Vermögen hat, der wählt nicht den Stand eines
Taglöhners und geringer Handwerker». (5,520,522) Vor dem Geist-
lichen wiederum, der diese «Berichtigungen» schrieb, hätte man das
«Gebeth eines Dienstbothen» aufsagen müssen: «Großer Gott! [...]
Mich hat deine Vorsehung zum Stande eines Dienstbothen berufen».
Oder das «Gebeth eines Armen»: «O Gott! Du weißt es am besten, wie
es den Armen zu Muthe ist. Aber Du willst es ja so haben.»[75]

Erschriebenes Zuhause

In Münster und in Rüschhaus die *alten Gefühle*, die zu *Phantasie-Spiele-reyen* führen mußten, die Briefe, die geschrieben wurden: es war für Elise Rüdiger schwieriger, *alles Störende rein hinter sich* zu werfen; mit ihr ver-glichen, die Annette Droste nun *zweytes Ich* nannte, *anderes Ich*, kam sie selbst sich *durch eine freie Stellung (verhältnißmäßig) und etwas harte Haut geschützt* vor. (10,35,59,62,90,95) Die Rede vom *zweyten* und *ande-ren Ich* war denn auch zitierte Literatur; im Widmungsgedicht an Sibylle Mertens zum Epos *Des Arztes Vermächtniß* hatte 1834 gestanden: *mein zweites Selbst.* (3,229)

Annette Droste begann, ihre Gedichte für eine neue Ausgabe abzu-schreiben. Die meiste Zeit des Sommers 1843 verbrachte sie in Abben-burg, danach ein paar Wochen in Rüschhaus, ihrem *eigenen Rüschhaus*, wie sie neuerdings sagte. *Zu viel* hatte *die letzte Schweizerreise* sie *geko-stet*, der Aufenthalt am Bodensee; jetzt genoß sie *jedes Abendroth, jede Blume im Garten wie eine Sterbende* und wollte *für ein ganzes Jahr vor-ausleben.* (10,95) Aber Ende September fuhr sie doch wieder nach Meersburg, diesmal zusammen mit ihrer Mutter (nebst Kammerjungfer) und mit Elise Rüdiger. Für 400 Reichstaler, hundert weniger, als nachher das Honorar für die Ausgabe betrug, ersteigerte sie das «Fürstenhäusle» auf dem Hindlesberg mit 5000 Weinstöcken. *Die Idee* aus der Kinderzeit, *unsre Erde könne sich wohl einmahl in eine andere Lage drehen, und wir dadurch unter einen wärmern Himmelsstrich versetzt werden* (8,10), schien Wirklichkeit geworden. Das Haus war wie in der Dichtung: an Treppen, nicht groß, hinabhängend, unweit des Wassers[76], Haus nach dem Maß des einzelnen.

In der Meersburg bekam Annette Droste nicht wieder die frühere Wohnung; nur *bey einer allgemeinen Hausschau* konnte sie in die Zim-mer, die sie selber und die Schücking bewohnt hatte, *mahl einen Blick tun*, und *es war* ihr *wie «eine Geschichte vergangener Zeiten».* (10,121) Im Oktober wurde Schücking zweiter Redakteur bei der Augsburger «All-gemeinen Zeitung»; vorher, im selben Monat, hatte er Louise von Gall geheiratet.

Das Fürstenhäusle über Meersburg. Zeichnung von Leonhard Hohbach, 1846. – «Unsere Hügel sind harmlos. Der See ist ein Freund. Der Himmel glänzt vor Gunst. Wir sind in tausend Jahren keinmal kühn. Unsere sanften Wege führen überall hin.» (André Ficus und Martin Walser, Heimatlob. Ein Bodensee-Buch, 1982)

Annette Droste bemerkte nun die Vorteile eines Lebens in Meersburg. Das Alte Schloß lag ja in der Stadt, so daß Laßberg nach dem Umzug von Eppishausen sogar die Pferde verkauft hatte. Und *das Städtchen* erschien so *angenehm*, man war *völlig unbelästigt*, konnte *ganz angenehmen Umgang finden, Musick, Lecture, mehr, als man erwarten konnte,* durfte sich *zurückziehn, […] fast isolirt leben ohne Nachrede und piquirtes Wesen fürchten* zu müssen. (10,209) Die Laßbergs pflegten den Umgang mit einigen adligen Familien aus der Gegend und den *Verkehr mit den Honoratioren.* (9,248) Zudem kamen die Philologen, denn Laßberg besaß eine bedeutende Handschriftensammlung –auch die Handschrift C des Nibelungenlieds – und die wertvolle, 11 000 Bände umfassende Bibliothek. Aber an den *gelehrten Gesprächen* (9,270) nahm Annette Droste in Meersburg sowenig teil wie damals in Bonn und dann in Eppishausen; diesmal konnte sie die *Niebelungenreuter* nicht verstehen. (10,203) Dafür erzählte sie den anderen Besuchern wieder Gespenstergeschichten.

Den letzten Tag des Jahres 1843 verbrachte sie gänzlich damit, die Abschrift ihrer Gedichte für die neue Ausgabe fertigzustellen. Mit den *Varianten,* gar mit der Interpunktion plagte sie sich nicht erst, das wollte sie

Schücking überlassen. Ihm brauchte sie nichts vorzumachen, konnte ihm schreiben, was er längst wußte, daß sie *viel lieber schwätze als arbeite* und daß *dies Corrigiren, oder wenigstens nach möglichen Correcturen fischen,* ihr *immerhin schon eine Arbeit* sei. Von ihm allerdings erwartete sie Sorgfalt: *Uebersehn Sie doch nichts beym Lesen,* mahnte sie, *es ist so durcheinander geschrieben; notiren Sie Sichs nur ja zusammen.* Sogar an Louise Schücking wandte sie sich mit ihrem Anliegen: *Ich wollte, liebste Freundinn, Levin schrieb alle die verschiedenen, in so viele Briefe zerstreuten Anmerkungen auf Ein Blatt zusammen, sonst übersieht er vielleicht grade das Passendste.* Und ein weiteres Mal zum Überfluß, eben doch ängstlich besorgt um die Form ihrer Gedichte, an Schücking: *Sie sehn an Varianten habe ich's nicht fehlen lassen, bald darüber, bald daneben geschrieben, wie es der Raum mit sich brachte, – Sie müssen hierbey immer die vorhergehende und folgende Strophe berücksichtigen, und können (vielleicht) nicht alle Ihnen besser scheinenden Lesarten z u g l e i c h benutzen, sonst könnte es Wiederholungen geben, – Endreime oder einzelne Ausdrücke, die an b e y d e n Stellen offenbar bezeichnender wären, aber der Nachbarschaft wegen e i n m a l geopfert werden müssen, und es fragt sich nur wo?* Auch später, zu ihren Beiträgen im «Rheinischen Jahrbuch», das Schücking 1846 herausgab, schickte sie *allerley Varianten* mit und verließ sich auf Louise Schücking, daß sie überlegte, *wie s ä m m t l i c h e Abänderungen sich zu einander* verhielten. (10,156,159,172,186 f.,308) Die Interpunktion freilich mußte Schücking für beide korrigieren; nachdem er Louise von Gall einmal geschrieben hatte, sie solle sich «vor den Damensätzen hüten, in denen nur Kommata vorkommen», antwortete sie: «ich mache nur Strichelchen, und wenn ich denke, daß es genug ist, einen Punkt». (M 202,227) Annette Droste setzte noch an solchen Stellen ein Komma und meistens anschließend einen Gedankenstrich.

Als die *Gedichte* 1844 bei Cotta erschienen – wie schon die Schriften von Rousseau, Herder, Pestalozzi, Goethe, Schiller, Fichte, Jean Paul, Alexander von Humboldt, Hegel, Hölderlin, Friedrich Schlegel, Tieck, Schelling, Fouqué, Kleist, Uhland, Rückert, Friedrich List, Gustav Schwab, Immermann, Lenau, Mörike, Freiligrath –, da erregte die Ausgabe, anders als *Die Judenbuche,* Aufsehen, und fast ungläubig schrieben die Rezensenten, im Versuch, das Kantige, Rauhe, Abstrakte zu benennen, immer wieder über die «männliche» Form dieser Texte. Die Beurteilungen hörten sich an, wie wenn aus dem Lustspiel *Perdu!* Speths Meinung zu den Gedichten Anna von Thielens zitiert worden wäre: *die Verse rannten gegen einander.* (6,6)

Indem die Ausgabe mit *Zeitbildern* beginnt, ordnet sie sich äußerlich wohl ein in die Reihe der «Zeitgedichte» und «Zeitlieder» von Wilhelm Zimmermann, Friedrich Rückert, Rudolf Gottschall, Ferdinand Frei-

«Abgeschlossene Lichtbil-
der einer völlig ausgepräg-
ten Individualität.»
(Joseph Christian von
Zedlitz, 1844; R 43)

ligrath, Heinrich Bürgers, Heinrich Heine, Robert Prutz, Emilie Emma (von Hallberg), Hoffmann von Fallersleben; aber Vormärz-Gedichte sind die *Zeitbilder* nicht geworden, sondern bloß «Tendenzgedichte, in denen eine ungehörige feudalistische Richtung» sich kundgab – so stand in einer Rezension (R 48) –, und vergleichbar waren sie eher mit den «Zeitstimmen» von Emanuel Geibel, der «letzten Eule» – sagte Lenau – «auf den Trümmern von Thron und Altar». (12,130) Annette Droste hatte von ihrem *Entschluß* gesprochen, nur *der ewig wahren Natur durch die Windungen des Menschenherzens zu folgen*, die *blasirte Zeit und ihre Zustände gänzlich mit dem Rücken anzusehn* (10,89) – und also nichts wissen zu wollen vom «König der Reichen», von den «Fabriken der Reichen», vom Zusammenhang zwischen Reichtum, Macht und Recht, von der Gesellschaft aus Herren und Knechten, von der Religion als «Opium des Volks» – und nichts hören zu wollen von der schwarz-rot-goldnen

Trikolore, von Konstitution, Republik, République, Demokratie, vom «Bund des Volkes» an der Stelle des «Fürstenbunds», von Rebellion, Revolution, von der Gleichheit als «Ausschließung aller Vorrechte», von der Alternative «Republikaner oder Knecht», vom Proletariat.[77] Beten konnte man immer noch: «Ohne obrigkeitliche Regierung, was wäre unser Leben?»[78] Die Proletarier «von Gottes Zorne» mußten für diejenigen, deren Abstammung «von Gottes Gnaden» hieß, die Gegner sein. Folglich kannte Annette Droste «Konstitution» nur als Schimpfwort. Was in den Kreisen, in denen sie verkehrte, von einer Verfassung gehalten wurde, stand später im Gedicht von Christoph Bernhard Schlüter: «Hängt sie auf an den Turm von St. Ludgeri / Oder hoch in den Turm von Überwasser, / Wo sie die Dohlen umkrächzen, die Verfassung! / An die Tanne der Diekburg die Verfassung! / In die Körbe der Wiedertäufer steckt sie, / An der Zinne des Turmes im Wind zu sausen! / Laßt in Regen und Schnee sie modernd bleichen! / In die Erbsen sie hängt als Vogelscheuche, / Die Nachtwächtern und Schustern gleiches Recht wie / Professoren und Lichtbereitern einräumt!»[79]

In anderen Texten, die Annette Droste schrieb, führte die Abstraktion der Metapher als dichterisches Verfahren zu ästhetischer Erkenntnis; aber «Zeitgedichte» verlangten eine ‹direkte› Abbildung, dafür fehlte ihr die adäquate Methode des Denkens und Dichtens. Darum sieht in den *Zeitbildern* der ‹gesunde Menschenverstand› bloß die *Weltverbesserer* am Werk, hält ihnen die für rhetorisch ausgegebenen Fragen entgegen: *Ist Wissen denn Besitzen? / Ist denn Genießen Glück? (Vor vierzig Jahren)* Oder die angeblich allgemeinen Erfahrungssätze: *Ein Sohn hat seinen Herrn, so lang zwei Augen offen stehen. // […] // Nur von der Pike dient sich's recht zum braven General. (Alte und neue Kinderzucht)* Im Gedicht *Die Gaben* redet der ‹gesunde Menschenverstand› aus dem Bewußtsein der Standeszugehörigkeit, mit dem Blick hinunter von oben, wo das Leben geordnet erscheint. Unter denen, die irgendwo anders als ganz unten ihren Platz haben, wird der *Gescheite* nicht sein, der meint, er gehöre nicht an seine Stelle, sondern weiter nach unten, ihm stehe das, was er besitzt, gar nicht zu, sondern weniger. Eher wird immer derjenige gefunden, der nach oben will; dieser Drang bewirkt schließlich, daß die Hierarchie fortwährend erneuert wird. Und deren Rechtfertigung fällt dann leichter: *Ihr Thoren! glaubt ihr denn daß Gott im Zorne / Die Großen schuf […]?* Man erkennt das Anliegen; ihr Aussehen (*pecus inane*, ‹stumpfsinniges Vieh›) verrät die Herrschenden, und sichtbar ist, was aus dem Menschenantlitz wurde. Jedoch will das literarische Bild, indem es sich der biblischen Autorität versichert, den Widerstand verbieten, obwohl es ein falsches Bild ist, denn nach der Genesis hat Gott die Menschen geschaffen, *die Großen* aber nicht. Das Bündnis wird gestiftet zwischen den *Großen* und denen, die in der Hierarchie immerhin einen Platz haben, den zu verteidigen sich lohnt: *Wer zweifelt, daß ein Herz wie's Throne schmückt / Gar oft am Acker fröhnt und Forstgehege, / Daß manche Scheitel sich zur Furche bückt, / Hochwerth daß eine Krone drauf man lege?* Ein Bündnis ist dies gegen die anderen, denen ein solcher Platz verweigert werden muß, weil es ihn nicht für alle gibt. Das hatte ähnlich schon 1809 im Gedicht *Der Abend* gestanden, begriffen war es weder damals noch jetzt. Dafür kam in der Geschichte eine starke Koalition zustande, und das Zeitgedicht kann die anderen diffamieren als *des Lebens abgehetzte Alte*, als *innerliche Greise*. Daß die ganz unten des Menschen Ebenbild am wenigsten werden konnten, ist sogar aus der Barmherzigkeit gestrichen: *Ihr würdet mahnen an des Fröhners Sohn, / Der, woll' ihm Gott ein Königreich verschreiben, / Für's Leben wüste keinen bessern Lohn, / Als seine Schweine dann zu Roß zu treiben.* Die Meinung, die im Schauspiel «Die Soldaten» von Jacob Michael Reinhold Lenz die Gräfin de la Roche gegenüber Mariane, der Tochter des Galanteriehändlers Wesener, äußert: «Aber sagen Sie mir, ich bitte Sie, wie kamen Sie doch dazu, über Ihren Stand heraus…»[80], diese Meinung einer Figur ist nach 65 Jahren noch immer die Perspektive eines Zeitgedichts.

Im zweiten Zyklus der Ausgabe, *Haidebilder*, stehen dagegen diejenigen Texte, welche durch die Genauigkeit der Beschreibung einen Maßstab für das Genre gesetzt haben, auch im Vergleich mit den «Heidebildern» Lenaus und den «Heideliedern» Hoffmanns von Fallersleben, mit dem früher gedruckten Gedicht von Junkmann («Der Heidemann») und dem späteren von Hebbel («Der Haideknabe»). Das Gedicht *Die Steppe* (‹Die Sandheide›) ist für die Mitte des 19. Jahrhunderts geradezu das Exempel des Landschaftsbildes als eines Zeitbilds wie Schillers Elegie «Der Spaziergang» für das Ende des 18. Jahrhunderts. Im «Spaziergang» tritt das (sich selbst bewußte) Subjekt in die Landschaft hinaus, welche ihm verfügbar wird für die ‹Reflexion› seines Selbstbewußtseins und die Projektion seiner Geschichte: «Sey mir gegrüßt mein Berg mit dem röthlich strahlenden Gipfel».[81] *Die Steppe*, ein abstraktes Vormärzgedicht, schildert dagegen die Unsicherheit eines Individuums und seine Versuche, Erfahrung zurückzuholen: *Standest du je am Strande*; durch Aufzählen und Sortieren der Dinge eine Umgegend sich zu schaffen: *Hier ist die Dün' und drunten / Das Meer.* Aber kein sicherer Ort ist gewonnen, wie das Heidebild mit dem Meerbild verwechselbar bleibt und die Jamben der Verse sich rhythmisch in schwebende Betonungen auflösen. Kein Individuum ist zu erkennen auf dem Landschaftsbild, nur die Sehnsucht, wo es zu Hause sein will, und die Angst, wo Anderes erscheint im *gelben* Schimmer, in *der Falschheit Unglüksfarbe*. (6,117)

Mit der genauen Beschreibung von Landschaft entstehen in den Hei-

Heide bei Münster. Aquarell von Otto Modersohn, 1884. – «Diese Haiden» sind «immer Almenden»; jede enthält «wenigstens sechzig Stück Hornvieh und darüber [...]. – Was nicht Wald und Haide ist, ist Kamp, d.h. Privateigenthum, zu Acker und Wiesengrund benützt, und [...] mit einem hohen, von Laubholz überflatterten Erdwalle umhegt.» («Westphälische Schilderungen»)

degedichten die Angstbilder. *Unke kauert im Sumpf, / Igel im Grase duckt, / In dem modernden Stumpf / Schlafend die Kröte zuckt, / Und am sandigen Hange / Rollt sich fester die Schlange*: schon das Beobachten der Natur im Gedicht *Das Hirtenfeuer* ist vergewissernd, dann auch der Hirtenruf in Strophe und Gegenstrophe. Vom Grund der Angst wissen bloß die hier dargestellten Personen, Kinder, nichts; die Eltern – im Gedicht *Der Haidemann* – erzählen von *Pest und theurer Zeit*: das Sprichwörtliche besagt, daß kommen wird, was schon war, in derjenigen Geschichte, wo die Zukunft die verlängerte Vergangenheit bedeutet. Das Gedicht über die Moorheide – *Der Knabe im Moor* – hat zuletzt in das Angstbild die sozialen Signaturen eingezeichnet. Die Atmosphäre ist diejenige der Gespenstergeschichten, die Annette Droste erzählte. Freiligrath schrieb an Schücking, nachdem er die Ballade 1842 im «Morgenblatt» gelesen hatte, es sei «bösartig» von der Verfasserin, «einen so ans Gruseln zu bringen», «die Haare» hätten ihm «zu Berge gestanden». (G 360) Die unmittelbare Wirkung des Gedichts erklärt sich aus der allgemeinen Erfahrung, dem Erinnerungsbild aus der Kindheit, das mit dem *Hu, hu* (V. 15) noch das Erschreckspiel nachzeichnet. Damit ist eine Form gefunden, die tabuierte Angst des einzelnen zitierbar zu machen. *O schaurig ist's über's Moor zu gehn*: hat das Furchterregende, das erzählt wird, anfangs in der empfundenen Schutzlosigkeit seine Ursache, erhalten die Gespenster bald Namen, mit denen die Angstgründe, freilich bloß objektiv, bezeichnet sind: *Gräberknecht, / Der dem Meister die besten Torfe verzecht*; *gebannte Spinnlenor'*, Sonntagsspinnerin; *Geigemann ungetreu*; *verdammte Margreth*, Kindsmörderin. Betrüger, Verbrecher, Sünder, von den kleinen Leuten die Geringsten sind die Gespensterallegorien der Besitzgesellschaft: jenseits seiner Fabel beschreibt das Gedicht mit den Motiven und Topoi die Gesellschaft, wie sie aus reich und arm, hoch und niedrig, aus Pharisäern und Sündern noch dauernd bestehen kann. Was schon aus der Fibel gelernt wurde – daß der Knecht schuldig wird, nicht der Herr; daß sich versündigt, wer den Ruhetag nicht halten kann, keineswegs, wer die Arbeitstage nicht zu halten braucht; daß ein Verbrechen begeht, wer vom Überfluß nimmt, nicht, wer ihn besitzt; daß die Kindsmörderin verdammt ist, nicht der Verführer –, das alles braucht später eine Begründung zur Sicherung des Besitzstands wie früher den Glauben an die rettende Hand des *Schutzengels*. Die Erklärung ist aber

Schutzengel. Scherenschnitt von Annette von Droste-Hülshoff nach einer Lithographie von Franz Graf Pocci (1847). – «Doch was die Seele im bebenden Traume empfand, / Löschet nimmer der Wirklichkeit eisige Hand.» («Die Engel»; MA I,15)

die Gesetzgebung, welche das Haus vorbehält, in dem schon der Knabe geborgen war: *Da mählig gründet der Boden sich, / Und drüben, neben der Weide, / Die Lampe flimmert so heimathlich.*

Zu einem regelrechten Geschichtsbild wird die Landschaftsbeschreibung im Gedicht *Die Krähen*, wo Vögel erzählen, als hätten «Denkkraft» und «Erinnerung», Wodans Raben, die Vorzeit überlebt und aus der Geschichte die Perspektive gelernt. Die Mittagsstille hat die Offenheit der traditionellen Reflexionsmetapher verloren, so daß es die stehende Zeit nicht gibt, keinen langen Augenblick; vielmehr wird die Erinnerung zum Alptraum, und das Positive erscheint bloß durch ein Vorzeichen, welches aus den Kriegen Feste macht, aus dem Dreißigjährigen Krieg das höchste Fest: *Ha welch ein köstlich Mahl ward da gehalten! / Kein Geier schmaußt, kein Weihe je so reich! / In achtzehn Schwärmen fuhren wir herunter, / Das gab ein Hacken, Picken, Leich' auf Leich – / Allein der Halberstadt war nicht darunter: / Nicht kam er heut', noch sonst mir zu Gesicht, / Wer ihn gefressen hat, ich weiß es nicht.* Der Gestus der Verse kommentiert die Denkmäler, auf denen die Feldherren stehn wie Erz und Stein gewordene Subjektivität: anstatt Denkmäler zu errichten, müsse das Bild vom Ende der Schlacht gezeigt werden. War in Schillers Elegie «Der Spaziergang» die Landschaft Reflexionsraum des Subjekts, das mit seiner Geschichte auch den Krieg begriff, zeigt jetzt das Heidebild *Die Krähen* Landschaft als geschichtlichen Raum des Kriegs. Die Erzählung geht weiter zurück in die Zeit der Kreuzzüge und weiß nichts vom heiligen Krieg, nichts von Märtyrerinnen, nur von der Schändung durch ein heiligmäßiges Leben. Wie dem Feldherrn der Ruhm der Denkmäler, so wird der Seligen die Würde der Altäre. Kein Subjekt zeigen diese Geschichtsbilder. Auf dem Subjektbild wären keine Feldherrndenkmäler zu sehen, weil die Menschen sich nicht in Kriegen Ruhm erworben hätten. Altäre wären dort nicht zu sehen, weil Menschen nicht erniedrigt würden, also in ihren Köpfen keine Erhöhung brauchten; weil sie die Menschheit anriefen, zu welcher Augen und Seele nicht erhoben würden. Schließlich geht die Erzählung zurück bis in die germanische Mythologie, erinnert an den menschlichen Gott, *Teut*, der den ersten Menschen erschuf, und an *Thor*, der wie ein Bauer aussieht und seinen Donnerhammer als Pflug gebraucht. Der Rabe hört nicht auf, *von Teut und Thor* zu schnarren.

Identität und Abschied

Im Mai 1844 kamen Levin Schücking und seine Frau zu Besuch nach Meersburg. Sie wohnten in der «Traube»; ins Alte Schloß wurden sie öfter zum Essen geladen oder zum Kaffee, auch zu abendlichen Gesprächen. Annette Droste kam sich «wie alt» behandelt vor, so benahmen sich die jungen Leute ihr gegenüber. (R 972) Sie flüchtete sich förmlich in die Literatur; die Gedichte, die sie jetzt schrieb, verrieten ihre Verzweiflung, dann wieder Hoffnung, wo sie sich an das Dauerhafte klammerte und schließlich doch die erfundene Individualität als Freiheit sich behielt.

Das Individuum, das eine *Seele* hat, also einen halben Willen erst, spricht die Beschwörung: *Halt fest den Freund, den einmahl du erworben* (MA I,107), wiederholt die Durchhalteparole: *Drum fest, nur fest, nur keinen Schritt zur Seite.* Aber daneben steht ein biographisches Erkenntnisbild, das Gedicht *Spätes Erwachen*: *Wie ist das anders nun geworden, / Seit ich in's Auge dir geblickt.* Sichtbar werden die Umrisse einer Existenzform, die für Annette Droste sich ins Eigene nicht mehr fügte ohne Gewalt gegenüber dem ungewollten, doch gewohnten Leben. Zugleich stellt das Gedicht ein ‹historisches Daguerreotyp› dar, wie es mit seinen verwechselten Seiten die Motive *Lerchenschlag*, Traum, *Strahl*, Freundlichkeit, *Blitze, Sturm* gegensätzlich zu den politischen Metaphern des Vormärz verwendet. Die Vorstellung – *Und alle Pfade möcht' ich fragen: / Wo zieht ihr hin* – ist dann eingeschränkt auf das *Haus* und wird noch in der ideologischen Reihe eine Stelle weiter zurückversetzt zur Innerlichkeit: *Auf ist mein Paradies im Herzen, / Zieht alle, alle nun hinein!*

Die Biographie ‹zerstörte› der Schriftstellerin Annette von Droste-Hülshoff ihre Vormärz-Lyrik. *Ich stand an deines Landes Grenzen*: so bestimmt das Gedicht *Die todte Lerche* den Zwischenort, das *halbgebaute Nest*, einen Zustand, der auf Überschreitung verweist, und in den Topoi *Lerche, Sonne, Licht* wird Freiheit, Aufklärung als Signatur einer neuen Zeit erkennbar. Aber schließlich erscheint *Heimath* doch nicht am geschichtlichen Horizont, liegt immer noch da, wo sie einmal erlebt werden konnte, insofern manche ein ‹Haus› hatten und eine ‹Familie›, während für die vielen es die Behausungen gab, wo also die *häuslichen Verhältnisse sehr locker, gewissermaßen unbedeutend* waren. (5,53) Dann wieder konnte die Erkenntnis in den Texten wachsen, bis – im Gedicht *Zum zweiten Male will ein Wort* (*An Levin Schücking*)[82] – die Atmosphäre der Zusammenkünfte auf der Meersburg im Mai des Jahres 1844 nicht nachempfunden wurde, wie ja nur die Abbildungen wahr sind, denn sie zeigen nicht das wirkliche Leben. Im Gedicht ist Biographie wiedergegeben als Identität, die trotz aller Erfahrung von Mangel s i c h nicht mehr verliert: *Ist denn so fremd dir mein Gesicht, / Denn meine Sprache dir geworden?// [. . .] / Nimm mich wie Gott mich hat gemacht, / Und leih' mir keine fremden Züge!* Ein Ich-Bewußtsein definiert sich nicht länger über Fremdes: *Sieh freundlich mir in's Auge, schuf / Natur es gleich im Eigensinne / Nach harter Form, muß ihrem Ruf / Antworten ich mit scharfer Stimme.* Jenseits der Biographie setzt das Gedicht die Perspektive der Abbildung noch deutlicher: *Und daß wir dort den Phönix sehn / Wo unsrer Liebsten Cedern flammen.* Allerdings stehen diese Verse in einer anderen Fassung (MA I,95) und sind sogar wieder gestrichen.

Unter den Gedichten, die Levin und Louise Schücking für das «Morgenblatt» mitnahmen, als sie nach gut drei Wochen Meersburg wieder verließen, war auch *Lebt wohl*, ein Abschiedslied mit seiner Überschrift und wie es sich in das literarische Genre einfügt, dessen Topoi zitierend: *Lebt wohl und nehmt mein Herz mit euch / Und meinen lezten Sonnenstrahl, / Er scheide, scheide nur sogleich, / Denn scheiden muß er doch einmal.* In der ungewöhnlichen Formulierung ‹scheidender Sonnenstrahl› zeigt das Gedicht förmlich auf seine Allegorie, die den Namen des abreisenden Mannes verschweigt. Dann erscheint die sprechende Figur als die zurückbleibende Frau, die in der eingebildeten Gemeinschaft den Ersatz für Identität gesehen hatte. Indem sie jetzt bewußt *Ich* sagt, weiß sie, ob sie sich auch abfinden muß mit dem Verlust, auf welche Art Individualität erreicht wird, kennt die Mittel dazu: die umgebende Welt als den Reflexionsraum des Selbstbewußtseins (in der Metapher der Naturerfahrung ausgedrückt), die übermäßige Fähigkeit (*Zauberwort*), die ‹Gier› nach Veränderung (*jedes wilden Geiers Schrei*), das aufbegehrende Handeln (*die wilde Muse*) – Werkzeuge zum Denken und Wollen des Entwurfs vom endlich anderen Leben, solange das Alter nicht die Kraft zum Denken und zum Wollen nimmt.

Mit Schückings zweiter Abreise hatte Annette Droste eingesehen, daß die Gemeinschaft längst zerstört war, von der sie bis dahin dachte, sie lasse sich durch Briefe erhalten, mehr durch die beigelegten Blätter, denn die eigentlichen Briefe wurden ja gelesen und vorgelesen wie Zeitungen. *Die alten Erinnerungen* waren *nothwendig durch neue verdrängt*; an die *alten Plätze am See*, schrieb sie noch einmal an Schücking, ging sie

Annette von Droste-Hülshoff auf der Meersburg, von ihr selber gezeichnet. – «Als Hospitant mein klein Kanarienvögelchen [...] – mein Wachtelhündchen habe ich abgeben müssen, Laßberg meinte es würde endlich Flöhe bringen». (Annette von Droste-Hülshoff an Louise Schücking, 29. Februar 1844)

jetzt *sehr selten, oder vielmehr gar nicht.* (10,192) Sie suchte förmlich Halt an Philippa Pearsall, der Tochter des englischen Komponisten Robert Lucas Pearsall auf Schloß Wartensee bei Rorschach, suchte so auch einen Ersatz für die eigenen Möglichkeiten: *Ihre Liebe ist mir ein frischer, wohlthätiger Strahl in meinem abnehmenden Leben,* sagte sie ihr. Und schickte ihr Stiche, eine Daguerreotypie von sich, verschiedene Autographen, darunter ein *Billet* von Levin Schücking, der neuerdings *zu den beliebten Schriftstellern* zähle. (10,205–207) Schon als Levin und Louise Schücking ihren Meersburger Aufenthalt für eine Reise in die Schweiz unterbrochen hatten und Annette Droste nach Wartensee gefahren war, hatte sie das Gedicht *An Philippa* geschrieben: *Im Osten quillt das junge Licht/ Sein goldner Duft spielt auf den Wellen,/ Und wie ein zartes Traumgesicht/ Seh ich ein fernes Segel schwellen,/ O könnte ich, der Möwe gleich/ Umkreisen es in lustgen Ringen!/ O, wäre mein der Lüfte Reich,/ Mein junge lebensfrische Schwingen!* Mit der biographischen Konnotation reicht das Gedicht über die romantischen Bilder (*das junge Licht, ein fernes Segel, der Lüfte Reich*) hinaus. *Um dich, Philippa, spielt das Licht,/ Dich hat der Morgenhauch umgeben,/ Du bist ein liebes Traumgesicht/ Am Horizont von meinem Leben,/ Seh deine Flagge ich so fern/ Und träumerisch von Duft umflossen,/ Vergessen möcht ich dann so gern/ Daß sich mein Horizont geschlossen* – jetzt läßt sich angeben, welcher Inhalt geblieben ist, bloß das Leben, das Weiterleben, sei es auch einer anderen: *Vergessen daß mein Abend kam,/ Mein Licht verzittert Funk, an Funken,/ Daß Zeit mir längst die Flagge nahm,/ Und meine Segel längst gesunken,/ Doch können sie nicht jugendlich/ Und frisch sich neben deinen breiten,/ Philippa, lieben kann ich dich,/ Und segnend deine Fahrt geleiten.* (MA I,107) Was man also begreifen kann, ist schwer zu leben: zu sehen den weiten Horizont, der nicht mehr der eigene ist. Und leichter ist einst das Sterben ohne Erinnerung an das, was nicht war. Wie am Anfang der mittleren Strophe das Personalpronomen nach dem jambischen Versmaß die Betonung bekommt und sie in den beiden folgenden Versen gegen das Metrum behält, hat der individuelle Schmerz noch die Form ‹verbogen›.

Bald schwebte Philippa wirklich an ihr vorüber *wie die Heldin eines Romans, die lebt solange man liest, und dann ins Blaue zerrinnt.* (10,184) War Schücking fast achtzehn Jahre jünger gewesen, Elise Rüdiger fünfzehn Jahre, und beiden hatte Annette Droste dieselben Verse gewidmet – im Konzept heißt die Überschrift *An L.*, in der Reinschrift *An Elise*, im Druck schließlich *An****: *O frage nicht was mich so tief bewegt;/ Seh ich dein junges Blut so freudig wallen,/ Warum, an deine klare Stirn gelegt,/ Mir schwere Tropfen aus den Wimpern fallen* –, Philippa Pearsall war 27 Jahre jünger. Annette Droste hatte auch *Niemanden* mehr, der *sich so recht* für ihre *Arbeiten* interessierte (10,209), und keine Gemeinschaft machte den fremden Ort zu einem eigenen. Wenn sie jetzt auf den See schaute, sah sie den Rhein wieder *durch fließen [...], nach Deutschland und Westphalen hinüber.* (9,64) *200 Stunden* entfernt war der Weg in ihrer Vorstellung geblieben (10,111), obwohl die Reise nun mit der Eisenbahn und dem Dampfboot bloß noch halb so lange dauerte.

Ein paar Monate waren vergangen, seit Levin und Louise Schücking abgereist waren, da schrieb Annette Droste das Gedicht *Grüße*: *Steigt mir in diesem fremden Lande / Die altbekannte Nacht empor, / Klatscht es wie Hufesschlag vom Strande, / Rollt sich die Dämmerung hervor / Gleich Staubeswolken mir entgegen / Von meinem lieben starken Nord, / Und fühl' ich meine Locken regen / Der Luft geheimnißvolles Wort.* Der Ort, an dem die Schriftstellerin Annette von Droste-Hülshoff zu Hause sein konnte, blieb am Ende doch das *fremde Land*, weil kein Leben wurde aus dem Schreiben allein. Sehnsucht ist der Ersatz für das, was nahe schien: wird zum Heimweh nach dem lästigen Wind im Münsterland; wie sich die *Locken regen*, ist er spürbar, während einmal die ‹fremde Heimat› bedeutet hatte: *Sturm*, wühlend im *flatternden Haare* (*Am Thurm*). Die Sehnsucht wird zum Heimweh nach dem dauernden Regen und der *bescheidenen* Sonne über der Heide: *Du feuchter Wind von meinen Haiden, / Der wie verschämte Klage weint, – / Du Sonnenstrahl, der so bescheiden / Auf ihre Kräuter niederscheint.* Wo also wäre der Ort, der als eigener endlich e r f a h r e n würde, wenn an den Ort sich hin zu d e n k e n, zu s c h r e i b e n nicht ausreichte? Hülshoff vielleicht – *Du Vaterhaus mit deinen Thürmen, / Vom stillen Weiher eingewiegt –*, die Wasserburg, wo Kindheit,

Hülshoff. Photographie von Friedrich Hundt, um 1860. – «Bitter, bitter ist das Wandern, / Wenn die Seele rückwärts zieht.» (Luise Hensel, Scheidegruß, 1856)

Haus Rüschhaus. Ältere Photographie von L.Vincent. – «Ist Dir heimlich, fühlst Du Dich zuhause? Ich weiß es nicht, ich bin sehr unsicher.» (Franz Kafka, Ich bin zurückgekehrt, 1923/24)

Jugend gewesen war und der angestammte Platz geblieben? Rüschhaus aber: *Und Grüße, Grüße, Dach, wo nimmer / Die treuste Seele mein vergißt.* Rüschhaus, wo jemand auf sie wartete, Catharina Plettendorf, die Webersfrau aus Altenberge; ein Mensch in dauernder Anhänglichkeit wie durch eine freie Entscheidung war geradezu die Personifikation dessen, *was* schon *bleibt.* (1,176) *Treuste Seele* negiert im Wunsch nach menschlicher Nähe die standesgemäße Einordnung (‹treue Seele› hätte die Dienerin bezeichnet). Nicht Herkunft und Stand sind also eingegangen in die Vorstellung vom Leben in einer Heimat, sondern die gewordenen und dann wie aus Freiheit behaltenen Verbindungen. Diese Bedeutung des Gedichts entdeckt sich, wenn die Personifikation erkannt wird. Begonnen hat indes nicht schon die Freiheit inmitten der Beschränkungen, und das gewollte Leben muß sich in der letzten Strophe regelrecht verbergen hinter Alter und Jenseits: *Ich möcht' euch alle an mich schließen, / Ich fühl' euch alle um mich her, / Ich möchte mich in euch ergießen / Gleich siechem Bache in das Meer; / O, wüßtet ihr, wie krankgeröthet, / Wie fieberhaft ein Aether brennt, / Wo keine Seele für uns betet / Und Keiner unsre Todten kennt!* Unauslöschlich geblieben ist aber die ‹Einbildung›, daß ein ganz anderes Leben möglich sei, wenn die Projektionen, die immer Gräften und Seen, Einfriedungen und Grenzen zeigten, verschwin-

Catharina Plettendorf (1763–1845). Gemälde von Johannes Sprick, 1840. –
«KATHARINE [zu BERTHA] Ohne Rettung schien / Mir unsre Lage doch da trat her-
ein / Der Pfarrer Frau, so rief er euer Glück / Könnt ihr jetzt machen und er legt es
mir / Jetzt aus einander wie für euch gesucht / Würd eine Amme und wie großes
Heil / Dies unsrer Armuth bringen könne […] / Wie war zu Muth mir da ich euch
erblickte / So schwach und kaum noch lebend lieber Gott / So dacht' ich wär ich
doch am Altenberge». («Bertha»)

den hinter der Vorstellung vom Meer, von der Weite und von der Freiheit;
daß alles Erfahrene, auch das Verlorene und Entbehrte und Ersehnte,
das Andere nicht schon bedeutet; daß nur im Fremden – *Wo keine Seele
für uns betet / Und Keiner unsre Todten kennt!* – das ganze Leben wäre.

Den Bericht über das Leben schrieb sie, deren Wirklichkeit eingefügt blieb in die Traditionen ihres Standes, trotzdem nicht bloß für sich auf, sondern ließ ihn in der «Kölnischen Zeitung» drucken. Und noch andere Texte von ihr erschienen dort, bis im November 1845 der Bruder Werner, der Stammherr, weitere Publikationen in dem liberalen Blatt untersagte. Wenngleich die Standeszensur, der Annette Droste unterworfen war, wenig Behinderung bedeutete im Vergleich zur Staatszensur seit den Karlsbader Beschlüssen 1819, von der andere betroffen waren, so versperrte das Verbot ihr doch den Zugang zu dem für sie wichtigsten Publikationsorgan.

Texte, die Annette Droste nicht veröffentlichte, zeichnen ebenso die Gesellschaft mit deutlichen Konturen. *Die Ihr beym fetten* – in der Handschrift zusätzlich: *frohen – Mahle lacht/ Euch eure Blumen zieht in Scherben, / Und was an Gold* – auch: *Gut – Euch zugedacht/* – auch: *Womit an Gütern ihr bedacht* und: *Womit das Leben –/ Euch wohlbehaglich ließt vererben*: oben in der Gesellschaft kannte sie sich aus, unten weniger, konnte sich noch im Mai 1844, einige Monate vor dem Weberaufstand, keine Arbeiter vorstellen, denen die Reichen ins Gesicht starrten, wohl den Dichter, der die Herrschaftsausübung beschreibt und also von der harten Arbeit etwas zu wissen scheint: *daß er Rosen bricht/ Von Disteln [...]./ Ja Perlen fischt er und Juvele/ Die kosten nichts als seine Seele!* (MA I,95) Der Reim nennt die Verbindung zwischen Reichtum und innerem Leid, indem von der *Seele* statt vom «Leben» die Rede ist; der ‹vermiedene Reim› hatte eine historische Dimension: «Leben» / «weben», bildete den Zusammenhang ab zwischen proletarischer Arbeit und existentieller Not. In Heines Gedicht «Die armen Weber» (1844) enden alle Strophen mit dem Vers «Wir weben! Wir weben!».[83] Und es fehlen dann schon die anderen Verse, die auf «weben» ein Reimwort gefunden hätten.

Annette Droste hatte in Meersburg *den Unterschied zwischen (Brief-) Dichtung und Wahrheit* schmerzlich erfahren; im September 1844 fuhr sie zusammen mit ihrer Mutter wieder zurück nach Rüschhaus. Dort fühlte sie sich so krank, daß sie in Monaten nicht einmal bis Münster kam, und schob es auf den Husten, den sie *vom Dampfboot* mitgebracht hatte, oder auf den *Uebergang vom reinen in dies feuchte Clima* Westfalens. Aber im Grunde war es nur ihr gewöhnliches Leben, *abgeschlossen, heimlich, ganz wie* sie *es* möge – so hatte sie sich abgefunden mit der nicht selbstgewählten Einsamkeit. Wie sie leben wollte: *zu Hause*, auf ihrem Zimmer *knüselnd*, das verlangte eine Voraussetzung, die nicht eintrat: jemanden um sich wenigstens denken zu können im *Zusammenleben mit* einem *selbst.* (10,233,235 f.,273,282,407) Ein Sehnsuchtsbild davon hatte Annette Droste im September/Oktober, nach ihrer Rückkehr aus Meersburg, entworfen; im November war das Gedicht, *Im Grase*, schon in der «Kölnische Zeitung» gedruckt. Es beschreibt die Vorstellung als Empfindung, das Denken als Fühlen, das Wissen als Leben. *Süße Ruh', süßer Taumel im Gras, / Von des Krautes Arom umhaucht, / Tiefe Flut, tief, tief trunkne Flut*: mit Doppelsenkungen, anapästisch gelesen, entsteht aus dem bloß Anklingenden (*süße[r], tief[e]*) und dem sonst gleichmäßig Betonten eine späte Form aus konzentrierter, ‹zurückgeführter› Erfahrung – und aus Empfindung, neuer Erfahrung, Vorstellung von Anderem, Wollen des Ganzen. Wollen dann bis zum Widerspruch: *Dennoch, Himmel, immer mir nur / Dieses Eine nur: für das Lied / Jedes freien Vogels im Blau / Eine Seele, die mit ihm zieht, / Nur für jeden kärglichen Strahl / Meinen farbig schillernden Saum, / Jeder warmen Hand meinen Druck / Und für jedes Glück einen Traum.*[84] Wie in dieser vierten Strophe des Gedichts die beiden ersten Verse die Wortbetonung gegen das Metrum durchsetzen, bleibt der Widerspruch (*Dennoch*) nicht natürlich und moralisch, sondern zeigt (*Dieses*) selbstbewußt – trotzig (*Dennoch*), zitierend, säkularisierend (*Himmel*), mit Nachdruck einfordernd (*nur*) – auf den anderen Inhalt des Gewollten: Befreiung vom Zwang, Aufbruch in die Welt Aller.

In Rüschhaus wurde die Einsamkeit jetzt größer als je, denn im Februar 1845 war Catharina Plettendorf gestorben. Und Therese Droste hielt sich oft in Münster auf; dahin hatte aber Annette Droste kaum mehr Verbindungen, eigentlich bloß noch zu Elise Rüdiger. Regelmäßig zu Besuch nach Rüschhaus kam bald der Regierungsassessor Eugen Christoph Benjamin Kühnast. Einmal in der Woche brachte er am Nachmittag, nach Dienstschluß, *Bücher und Nachrichten* für Annette Droste; überhaupt erwies er ihr *so manche Gefälligkeit*. (10,396,419) Aber er war ihr zu eifrig, und für besonders gescheit hielt sie ihn ohnehin nicht. Indes hatte er im «Westfälischen Merkur» vom 28. Dezember 1844 über sie geschrieben, in ihren Gedichten erscheine sie «gleich stark […] im Erkennen ihrer selbst, wie im Begreifen der Natur und ihrer Zeit», und alles das werde «gehoben durch eine Resignation, wie sie nur dem wird, der früh gelernt, das Leben recht zu würdigen». (R 45)

Das Paradigma der Einsamkeit, *Durchwachte Nacht*, steht als Titel über dem Gedicht, in dem mit Naturmetaphern das ersehnte Leben sich unverboten ausspricht; so ist der Text ein individuelles und ein historisches Einsamkeitsgedicht: die Nachtigall braucht diesmal nicht zu singen, weil es keinen Schlaf der Liebenden zu behüten gibt, nicht einmal den Schlaf dessen, der sein Lager mit dem Schatten teilt, welcher von den Dingen draußen hereinfällt. Von dorther scheint aber zugleich der neue Tag. Wer aus Mangel an Erfüllung nicht schlafen kann, wird nicht zum Revolutionär, erst derjenige, den der Hunger wach hält, und auch seine

Bilder sind Nachtigall und *Morgenglut*: der Nachtvogel, weil er schon singt, wenn noch Nacht ist und der Tag fern, und weil er seinen Schlag wiederholt; das Morgenrot, weil es die Freiheit ankündigt. Wie anderswo breitete sich während der Jahre vor 1848 im Münsterland, durch Mißernten, Kartoffelfäule und einen harten Winter, die Massenarmut weiter aus. Aber als es im März 1848 am münsterischen Rathaus und vor dem Haus des Oberbürgermeisters Johann Hermann Hüffer zu einem Menschenauflauf kam, konnte eine Eskadron Husaren die Menge zerstreuen.[85]

Der Literaturzirkel Elise Rüdigers hatte sich aufgelöst, man erzählte, Louise von Bornstedts wegen; Annette Droste sagte jedoch, *die Bande* seien *auseinander gegangen wie verbrannte Dochte.* (10,290) Als dann der Oberregierungsrat Carl Ferdinand Rüdiger nach Minden versetzt wurde und deshalb auch Elise Rüdiger Münster verließ, mußte Annette Droste sich daran erinnern oder sich einreden, daß man den Kreis *nur aus der Ferne* habe *betrachten* dürfen; *hinter den Coulissen* habe *es überall peinlich* ausgesehen (10,299), schrieb sie im Abstand zu ihrer münsterischen Gesellschaft aus Abbenburg, wo sie sich von Mai bis Oktober 1845 wieder aufhielt. Die Texte, die sie dort verfaßte, erscheinen als gegensätzliche Abbilder. Dem Gedicht im Volksliedton, *Unter der Linde*, mit der Versform, den Reimen, Motiven, Topoi als herbeigeholtem Inventar des Volkslieds, fehlt eine historische Signatur, im Material ist die Historizität steckengeblieben: trotz des zitierenden Verfahrens wird (menschliche) Natur beschrieben, nicht die Geschichtlichkeit des Menschen; keine Vorstellung bildet sich davon, daß gegen die Lebensbahn des einzelnen seine Geschichte anwachse. Daneben stehen Texte ohne Fluchtbilder, *Das verlorne Paradies*, wo die Paradiesvorstellung verblaßt zur schemenhaften Illusion, durchschaut und ohne Wunschinhalt; wo die Darstellung regelrecht zur Wirklichkeit verführt mit der Sinnlichkeit des Bildes: *Und als am Morgen sie die Wimper hob, / Und zuckend von der Brust die Zweige schob, / Da war all ihrer Wangen lichter Schein / Gezogen in der Blumen Rund hinein, / In glüher Sehnsucht alle aufgegangen, / Zum Kusse öffnend all den üppgen Mund, / Und Eva kniete weinend, ihre Wangen / Entfärbt, und ihre Brust von Dornen wund.* Verraten die Verse, welche die Sünde veranschaulichen sollen, nur die Unterdrückung von Sinnlichkeit und Verstand als den menschlichen Eigenschaften: *ein reizend Weib, / Das Auge lodernd von verbotnem Wissen*, so ist jenes Bild zugleich das der Entäußerung: wenn das Leben in der Natur mit den vorstellenden und denkenden Augen des Menschen gesehen erscheint.

Das *Verlorne Paradies* gehört zu den *Zwey Legenden* wie noch das Gedicht *Gethsemane*, das nun die Tat benennt, welche das Paradies schaffen würde: Abwenden des Leids. Der Gegensatz zwischen Fabel und Bildlichkeit ist auch der zwischen den Berichten aus dem Leben in Angst und

Tränen, voll Qualen, Folter und Mord, mit Aufopferung und dem Verlangen, ohne Schmerzen zu sein, zwischen solchen Berichten und der
Vorstellung von dem, was anders wäre und doch schön, wie es das Bild
zeigt mit dem *im Blau* schwimmenden, dahintreibenden Mond.

Einmal las Annette Droste in der Zeitung, daß Freiligrath und Schücking
Jugendfreunde gewesen seien – und diese Zeit, die genauso ihre eigene
war, lag doch nur die paar Jahre zurück. «Großmütterchen» hieß sie, seit
im Dezember 1844 Carl Lothar Levin Schücking geboren war. (M 293)
Aus Augsburg kam *keine Nachfrage nach irgend Jemanden* mehr; *keine
ihrer Fragen, die meistens* ihre *schriftstellerischen Interessen betrafen*,
wurde *beantwortet, überhaubt* erfuhr sie *gar keine Theilnahme an* ihrer
Laufbahn mehr. (10,305) Für eine Antwort nahm sie schließlich den Roman «Die Ritterbürtigen», Schückings Abrechnung mit den Vorderständen der Gesellschaft, das Buch, durch das sie in Verdacht geriet, dem
Verfasser *das Material zu seinen Giftmischereyen geliefert zu haben*. Sie
redete sich noch ein, daß derjenige als ihr *grausamster Todfeind* an ihr
gehandelt habe, den sie jetzt ihren *Adoptivsohn*, ihren *jahrelangen Haus-
freund* nannte. Sie schrieb so an Schlüter, zugleich mit der Versicherung,
auf der bevorstehenden Reise nach Meersburg werde sie *ein Dampfboot
wählen*, das *in Cöln*, wo Schücking seit 1845 Feuilleton-Redakteur bei der
«Kölnischen Zeitung» war, nicht anlegte. Was sich von ihrer Seite her einfach nicht ‹ausschleißen› wollte, mußte endlich in der Weise geregelt werden, daß *die Auflösung von selbst da* wäre. (10,369f.) Aber dann wurde
sie krank, und ihre Mutter reiste im Juli 1846 allein nach Meersburg. Der
Sommer war warm und trocken; ihre Schwester schrieb: «Man glaubt die
Weinlese werde noch vor Anfang Ocktober anfangen, und es wäre doch
himmelschade wenn du deine schönen Trauben nicht mehr sähest».
(12,224) Annette Droste fuhr im September. Von der Krankheit erholte
sie sich nicht mehr, so daß ihre Mutter im August 1847 auch den Rückweg
nach Rüschhaus allein machte. Ein paarmal sah Annette Droste Philippa
Pearsall wieder, bevor diese nach Augsburg übersiedelte; nur Charlotte
von Salm-Reifferscheidt, die Freundin seit dem ersten Meersburger Aufenthalt, blieb ihr und die Verwandten. *Ankämpfen* mußte sie gegen ihre
Phantasie, so berichtete sie Elise Rüdiger im Februar 1847; *jede etwas
unebene Stelle an der Wand, jede Falte im Kissen* bildete sich zu *Gruppen*
aus, *jedes zufällig gesprochene etwas ungewöhnliche Wort* stand *gleich als
Titel eines Romans oder einer Novelle* vor ihr *mit allen Hauptmomenten
der Begebenheit*. (10,423) Aber schreiben durfte sie nicht. In «Hindel-
bergs Häuschen», das sie im Jahr davor noch mit der Erde am Beginn der
Genesis verglichen hatte: *ohne Licht (respective Fenster) und leer*
(10,384), in ihrem eigenen Haus besaß sie jetzt «einen Diwan» (T 2,73),

Jenny von Laßberg und Joseph von Laßberg (1770–1855). Beide Zeichnungen von Leonhard Hohbach, 1848 und 1846. – «Wir haben neulich bei Tische überlegt, womit wir wieder lebendig zu machen wären, wenn wir in's Reich der Gespenster überzugehen im Begriff ständen, und da ist denn ausgemacht: der alte Ritter [...]

ähnlich dem *alten schwarzen Kanapee* in Rüschhaus und dem anderen in Abbenburg. (9,55 f.) Es war noch Juni, als sie für anderthalb Wochen zu den Salms fuhr nach Schloß Hersberg bei Immenstaad. Und an drei Sonntagen im August ging sie mit den Meersburger Verwandten zur Messe in die Unterstadtkirche; vom ehemals fürstbischöflichen Schloß führte ein Steg zur Empore der Kapelle. Am ersten Sonntag blieben sogar alle «noch lange am Berg», an Annette Drostes Haus. (T 2,74) Mehr wurde nicht aus dem Plan, «nach dem Tode ihrer Mutter, die sie als treue Tochter» nicht allein lassen konnte, «dort zu leben».[86] Es war außerdem in der Nähe ihrer Schwester. Meistens konnte sie die Wohnung, zu ebener Erde jetzt im Südturm der Meersburg, *nicht anders* mehr verlassen, als *bis zur grünen Bank auf dem Hofe zu schleichen.* (10,425)

Am 21. Juli 1847 errichtete sie ihr Testament. Es beginnt gottbefohlen *Im Namen der allerheiligsten Dreyfaltigkeit!*[87] und regelt die Verteilung

durch eine neue kritische Ausgabe der Nibelungen, die Burgfrau durch eine neue Blume, das Burgfräulein ‹von Nette› durch ein Stück kalten Braten und ich der fahrende Schüler durch einen Brief vom Baribal in Darmstadt.» (Levin Schücking an Ferdinand Freiligrath, 9. Februar 1842)

ihrer irdischen Güter. Ihr l i t e r a r i s c h e s Testament, verfaßt schon 1837, nennt dagegen die Aufgabe, die selbstgenommene, nie ihr zugestandene: *All meine Rede und jegliches Wort / Und jeder Druck meiner Hände / Und meiner Augen kosender Blick / Und alles was ich geschrieben / Das ist kein Hauch und ist keine Luft / Und ist kein Zucken der Finger / Das ist meines Herzens flammendes Blut / Das dringt hervor durch tausend Thore.* (MA I,35) Der Text definiert den Inhalt der Literatur als Identität des Individuums. 1846 hatte Annette Droste eine ‹zweite Fassung› geschrieben, die aber nur in der äußeren Form literarisch ist, sonst biographisch, bloß den Trost ausdrückend, den Menschen sich selber spenden, wenn sie auf einmal oder schließlich erkennen, daß sie alt geworden sind und das Leben nicht schon alles gewesen sein soll: *Geliebte, wenn mein Geist geschieden, / So weint mir keine Thräne nach, / Denn, wo ich weile, dort ist Frieden, / Dort leuchtet mir ein ew'ger Tag.* Wer würde denn sein Leben

Annette von Droste-Hülshoff. Daguerreotypie von Friedrich Hundt, 1845. –
«Unsre Köchin sagt: ‹Et likt gans akkroot, over o Heer! wat bedröwet!!› und der
Amme ihr Caspar sagt: ‹Et is to einsam, vierl to einsam!!›» (Annette von Droste-
Hülshoff an Jenny von Laßberg, 30. Juni 1846)

noch einmal leben wollen, wenn es wieder genau so verliefe, wie es gewesen ist, und wer hält die Perspektive durch auf der zwecklosen Reise,
wenn die Kraft nachläßt, also die Säkularisation im Denken nicht zu
Ende gebracht ist. Eine ‹dritte Fassung› lautet wie die Übergabe ihres
literarischen Nachlasses an die Leser, war *eine Bitte*, die *für Jeden* ‹passen› sollte: *Nun reich' ich gern die Blätter dar, / Was Flüchtges drinn, – das*

sey vernichtet;/ Was ritterlich, was gut und wahr – / Das sey als hab' ich's Dir gedichtet. (10,432,442) Die Verse schrieb Annette Droste am 15. Januar 1848 in ein Exemplar der zweiten Gedichtausgabe und übersandte es Ludwig von Madroux, der sie immer «Dichterin» genannt hatte.

Von der Identität war auch in einem Artikel die Rede, der 1847 im Jahrbuch «Vom Rhein» erschienen war: «Annette von Droste. Eine Charakteristik». Nachdem der Verfasser die Merkmale der Gedichte aufgezählt hatte: «erhabene Schönheiten, große Gedanken, geniale Fehler, kühne Häßlichkeiten», sagte er, hier sei «eine Welt für sich», nannte den «Geist», der die Gedichte schuf, «originell und eigensinnig von der Alltäglichkeit abgewendet», indem er stets «seines Weges gegangen» sei, «sich von Niemand» habe «Regeln geben lassen»; sein «starrer Unabhängigkeitssinn» habe «lieber eignes Unkraut auf seinen Beeten» gezogen «als civilisirte Pflanzen aus dem Saamen Andrer». Verfasser des Beitrags war Levin Schücking. Der Text las sich wie seine literarische Distanzierung, und er fügte eine weitere an, die als eine historische erschien: «Die Geschichte der Gegenwart ist der Verfasserin dieser Gedichte unbekannt, und aus den kleinen Schattenseiten, die sie beobachtete, hat sie sich ein Bild der Gegenwart zusammengesetzt, welches dieser gleicht wie der Esel dem Pferde.» (R 59,62) Auf ihrem biographischen «Bild der Gegenwart», das Annette Droste in das Lustspiel *Perdu!* und die Briefe an Schücking hineingezeichnet hatte, war deutlich ein *kleines Pferdchen* mit *langen Ohren* zu sehen gewesen; als aber das Bild jetzt ausgestellt wurde, übermalt von Literaturkritik, war unter dem Pferd der Esel kaum noch zu erkennen. Weiter hinten im selben Band des Jahrbuchs «Vom Rhein» stand, zum erstenmal gedruckt, das Gedicht *Sylvesterabend*, im Dargestellten schillernd zwischen Tod und Leben: *Wohl hab' ich viele Bekannte/ Die gern mir öffnen ihr Haus,/ Doch wenn die Thüre geschlossen,/ Dann schaut man nimmer hinaus,/ Dann haben sie einen Andern/ An meiner Stelle erwählt,/ Der ihnen singt meine Lieder/ Und meine Geschichten erzählt.* Nachher, in der Einleitung zu den «Gesammelten Schriften von Annette Freiin von Droste-Hülshoff» (1878/79), erläuterte Schücking, das Leben der Dichterin sei nicht das gewesen, was man «fruchtbar» nenne. Es war das Urteil über jemanden, der in seinem Leben nicht verwirklichte, was er in seinen Büchern geschrieben hat. Annette Drostes Leben war ein ständisches, adliges geblieben, ihre Dichtung zu dem geworden, was man immer noch allgemeinmenschlich nannte, war also bürgerliche Literatur: die das Verlangen nach Freiheit ausdrückte, wohl wissend, daß schon darum, weil man selber mit den Freieren an der Ungleichheit festhielt, jenes Verlangen zur Sehnsucht wurde.

Der «Westfälische Merkur» veröffentlichte am 23. November 1847 einen Artikel mit der Überschrift «Aus einem Schreiben vom Bodensee, 10. Nov. (Verspätet)». Er handelt vom Schweizer Sonderbundskrieg, unterstützt im Konflikt zwischen den konservativen und den liberalen Kantonen die falsche Seite, enthält geradezu die Gegenposition zu dem von Friedrich Engels verfaßten Beitrag «Der Schweizer Bürgerkrieg» in der «Deutschen-Brüsseler Zeitung» vom 14. November. Sogar der Blick für die realen Verhältnisse war im «Westfälischen Merkur» verstellt, denn die Behauptung «Hier in Baden gibt's nur eine Stimme für den Sonderbund» beruhte auf einem Irrtum, gab es doch im Großherzogtum Baden, dem «gesegneten Badener Land», wo die Abgeordneten seit 1843 «nach ihrer politischen Farbe ihre Sitze im Landtag» einnahmen, das am weitesten entwickelte «Verfassungsleben» Deutschlands, «nach einem geschriebenen Grundgesetz unter Mitwirkung einer Volksvertretung».[88] Bei jenem Artikel im «Westfälischen Merkur» handelte es sich um einen Abschnitt aus dem Brief Annette Drostes an ihre Mutter vom 9. November 1847, leicht redigiert und ergänzt von August von Haxthausen. Im März 1848 drückte sich die Parteinahme aller Bewohner der Meersburg in der Fürsorge aus, die sie für den im Neuen Schloß gefangengehaltenen Sonderbündler Bernhard Zeerleder hatten, den Bekannten aus der Eppishausener Zeit: *Laßberg ließ ihn mit allem Nöthigen, Betten, Speise, Bücher et cet. versorgen [...]. – täglich besuchte ihn Einer [...], – wenn es regnete und schneite Hohbach – bey besserem Wetter, Jenny, und bey gutem Sonnenschein* hat Annette Droste sich *ein paarmahl vom Obser* – Joseph Obser, Schuster in Meersburg – *im Kinderwagen hin fahren lassen.* (10,434)

Nicht lange vor ihrem Tod dachte sie noch daran, aus Meersburg wegzugehen. Für den Abend des 10. März verzeichnet das Tagebuch Jenny von Laßbergs «Facelgang und Geschrei einiger Radicalen», auch daß ihre Schwester «sehr in Angst» sei. (T 2,76) Verbreitet war die Furcht vor denen, die «Freiheit von Not» verlangten, «Freßfreiheit» statt «Preßfreiheit».[89] Joseph von Laßberg wußte genau, welcher Konflikt letztlich ausgetragen wurde: «derienigen die nichtshaben, gegen die einigen, die etwas haben».[90] Und die Grenze zwischen Unterdrückern und Unterdrückten verlief nicht mehr genau zwischen den Vorderständen und den Bürgern, Bauern, sondern oft schon zwischen der Bourgeoisie und dem Proletariat. Nicht allein Marx und Engels hatten mit dem «Manifest der Kommunistischen Partei», Februar 1848, die Lage so erklärt; vorher konnte man es ähnlich in Aufsätzen und Artikeln anderer lesen, im «Westphälischen Dampfboot» zum Beispiel. Im Münsterland kam es zu einem Sturm der Bevölkerung Dülmens auf das Schloß des Herzogs von Croy; aus dem Paderbornischen hatte Therese Droste über Bauernunruhen, Plünderungen und Zerstörungen berichtet. Den Bewohnern der Meersburg schien daher eine Flucht nur noch in die Schweiz möglich zu

Es hat dem Herrn über Leben und Tod nach seinem unerforschlichen Rathschluß gefallen am 24. Mai 1848

Anna Elisabeth

Freiinn von Droste zu Hülshoff

im 52. Jahre ihres Alters zu sich abzurufen.

Ihr Tod war die Folge langjähriger, mit großer Geduld ertragener chronischer Leiden, denen ein Herzschlag auf dem Schlosse Meeresburg, wo sie sich zum Besuch bei ihrer Schwester befand, unerwartet ein Ende machte. Sie war stets eine liebevolle gehorsame Tochter und treue Schwester; und ihre Anhänglichkeit für die Ihrigen kannte keine Gränzen; aber sie war auch voll Erbarmen und Mitleid gegen ihre leidenden Nebenmenschen, die ihr Herz alle mit gleicher Liebe umfaßte. Von Gott mit großen Talenten und namentlich mit der schönen Gabe der Dichtkunst ausgestattet, war ihr Streben stets dahin gerichtet, diese Gaben nur zu seiner Ehre zu gebrauchen. Deshalb durchdringt auch der Hauch wahrer Gottesfurcht alle ihre Schriften, und es ist kein Wort in ihnen enthalten, welches Aergerniß geben konnte. Hoffen wir deßhalb, daß der Herr der Welten an jenem großen Tage zu ihr sprechen werde:

„Weil du über wenigem getreu gewesen bist, so will ich dich über vieles setzen, gehe ein in die Freude deines Herrn."

Doch wer ist rein vor dem Angesichte Gottes! Darum laßt uns die Pflicht der Liebe erfüllen und der Verstorbenen in unserm Gebete eingedenk sein.

Münster, gedruckt bei Fr. Regensberg.

Totenzettel. – «Mein Jesu, darf ich wählen, / Ich will mich lieber quälen / In aller Schmach und Leid, / Als daß mir so benommen, / Ob auch zu meinem Frommen, / Die Menschenherrlichkeit.» («Am Grünendonnerstage»)

sein, und die Wertsachen – «Schmuck, Münzen, Papiere etc.» (T 2,76) –
waren schon eingepackt, am 15. März. Zwei Tage später stand in der Zeitung, daß der österreichische Staatskanzler Fürst Metternich «abge-
dankt» hatte; zehn Tage später, daß in Berlin die Truppen «sogar das
Schloß räumten und die Sicherheit des Königs den Bürgern anver-
trauten»; am nächsten Tag, daß Friedrich Wilhelm IV. gezwungen wurde,
die Leichen der von seinen Soldaten Erschossenen zu sehen; wieder einen Tag danach, daß der König barhäuptig und salutierend auf dem Balkon des Schlosses stand, als der Leichenzug vorüberging.[91] In der Schweiz
war die Partei, die sie unterstützten auf der Meersburg, längst unterlegen,
aber das scheint Annette Droste nicht mehr wahrgenommen zu haben.

Der sicherste Ort wäre überhaupt Münster gewesen, wo nach den Tu-
multen vom 19. März der Magistrat eine Bürgergarde aufstellte, 1 800
Mann zum Schutz von Ordnung und Eigentum.[92] Und in Hülshoff, in
Rüschhaus – schrieb Therese Droste am 2. Mai nach Meersburg – war es
so, daß, wären «nicht zuweilen Briefe oder Nachrichten von Aussen» gekommen, sie hätten denken können, «die ganze Welt lebte in Frieden».
(12,248) Annette Droste fuhr nicht mehr zurück nach Rüschhaus.

Es sind die Glücklicheren, deren Sterben ohne die Qualen der Krankheit bleibt, ohne die Demütigungen des Alterns. Annette Droste zählte
zu den weniger Glücklichen. Am 24. Mai 1848, nachmittags zwischen zwei
und halb drei Uhr, ist sie gestorben. Der Tag war «schön und heiß»[93] wie
viele Tage am Bodensee, dann auch der 26. Mai, als sie begraben wurde
auf dem Friedhof oberhalb der Stadt, in der sie hätte bleiben wollen.

Anna Elisabeth Longinus von Droste zu Hülshoff.

Photographie von Zacharias Marschall, um 1910. – «Wohl fragt der Wand'rer der es schauet, / ‹Wer wand den Kranz mit frommem Sinn?› / Und dennoch bin ich's nur gewesen / Ich, der ich doch so gottlos bin.» (Emilie Emma, Schwertlilien. Zeit-Gedichte, 1849)

Anmerkungen

1 Die Werke und Briefe von Annette von Droste-Hülshoff werden zitiert nach der
«Historisch-kritischen Ausgabe», ersatzweise nach den Handschriften oder den
ersten Drucken; diese Zitate erscheinen, außer in den Bildunterschriften, kursiv.
In Text und Anmerkungen sind folgende Siglen verwendet:

Ohne Buchstabensigle: Historisch-kritische Ausgabe

B: Heinrich Karl Wilhelm *Berghaus*, Wallfahrt durch's Leben

G: Walter *Gödden*, Annette von Droste-Hülshoff

HC: Hermann *Hüffer* / Hermann *Cardauns*, Annette von Droste-Hülshoff
und ihre Werke

HT: Bruno *Haas-Tenckhoff*, Münster und die Münsteraner

K: Wilhelm *Kreiten*, Anna Elisabeth Freiin von Droste-Hülshoff

L: Nikolaus Anton *Lepping*, Kurzgefaßte Chronik

M: Reinhold Conrad *Muschler*, Briefe von Levin Schücking und Louise von
Gall

MA: *Meersburger* Nachlaß (Staatsbibliothek zu Berlin – Preußischer Kulturbesitz)

N: Josefine *Nettesheim*, Schlüter und die Droste

R: Winfried Woesler, Modellfall der *Rezeptionsforschung*

SD: Levin *Schücking*, Annette von *Droste*

SL: Levin *Schücking*, Lebenserinnerungen

ST: Christoph Bernhard *Schlüter*, Tagebücher

T 1:   Aus Annettes Jugendzeit. *Tagebuch*-Aufzeichnungen von Jenny von
Droste-Hülshoff

T 2:   Vom Leiden und Sterben der Annette von Droste-Hülshoff. Nachrichten
aus dem *Tagebuch* ihrer Schwester Jenny

W: Marga *Wilfert*, Die Mutter der Droste

Nicht besonders nachgewiesen sind die Daten, die zur genauen Beschreibung
des biographisch-historischen Kontextes erforscht werden mußten: wie die
Straße hieß, in der das Haus der Fürstin Gallitzin stand; wie lange das «Biennium» dauerte; wer Pfarrer in Nienberge und wer Kaplan in Roxel war; welche
Patenkinder Annette von Droste-Hülshoff hatte; wann der Hofmeister Wenzelo nach Hülshoff kam; wie der genaue und vollständige Name seines Nachfol-
gers Weydemeyer sowie der des Hohenholter Organisten Ketteler lautete; wer
die «Heliodora» geschrieben hat; welche ‹Fassung› der Geschichte des Mädchens von Orléans Therese Droste vorgelesen hat; welchen militärischen Rang
Friedrich Wilhelm von Haxthausen hatte und wann das Gedicht auf ihn ent-

stand; was man sich unter einem «Vassche weg» vorzustellen habe und was unter «Schoten Honig», auch wie der verarbeitet wurde; welches Fach genau der Professor Sprickmann vertrat; wo die Gartenwirtschaft Lohmann war; wie es kam, daß der Brief von Arnswaldt und Straube durch Caroline von Haxthausen überreicht wurde; wann Annette Droste zum erstenmal ins Sauerland fuhr; welche Zeichnung der Burg Hülshoff von Annette Droste stammt; wann Ferdinand von Droste-Hülshoff in Tharandt studierte und wo er anschließend beschäftigt war; wieviele Räume Annette Drostes Wohnung im Rüschhaus umfaßte und in welchem Catharina Plettendorf lebte; welches Bild (*die Hebräer im Exil*) Annette Droste 1834 im Rüschhaus aufgehängt hat; wie der Name *Jane Baillie* zu erklären sei; von wem die Zeichnungen des Fürstenhäusles und des Glaserhäusles stammen; wie der Regierungsassessor Besser sowie die Maler Borchel, Hohbach und Oppermann mit Vornamen hießen; wie der korrekte Name von Philippa Pearsalls Vater lautete; wer der *Obser* in Meersburg war; wer den «Katechismus der Münsterländer» verfaßt hat.

2 Nach dem Brief Clemens Brentanos an Ferdinand Freiligrath, 3. September 1839 (Clemens Brentano, Briefe, hg. von Friedrich Seebaß, Bd. 2, Nürnberg 1951, S. 385).

3 So das Datum auf dem Grabstein (siehe Abbildung S. 133) und in Aufzeichnungen der Familie (T 2, 71, 75; G 23).

4 Taschenbuch für vaterländische Geschichte, [hg. von Friedrich Arnold Steinmann], 1. Jg., Münster 1833, S. 130. – Alle münsterländischen Zitate, außer denen von Annette Droste, in neuer Umschrift von Prof. Dr. Hans Taubken.

5 Ferdinand Freiligrath, Das malerische und romantische Westphalen, Barmen / Leipzig [1841], S. 135 f.

6 Friedrich Raßmann, Münsterischer Epigrammen-Cyklus, [Münster] 1809, S. 10.

7 [Johann Ferdinand Neigebaur], Katechismus der Münsterländer, Arnsberg 1835, Nachdruck Leer 1977, S. 31.

8 Siehe Heinz Reif, Westfälischer Adel 1770 – 1860, Göttingen 1971, S. 168 f., 370 f.

9 Johannes Claassen, Anna Elisabeth, Freiin von Droste-Hülshoff. Leben und ausgewählte Dichtungen, 2. Aufl. Gütersloh 1883, S. 13.

10 Stadtkommandant Courbeville an den Magistrat, 9. Juni 1807 (Handschrift: Stadtarchiv Münster, Polizeiregistratur I / 43).

11 Neigebaur, Katechismus der Münsterländer, S. 26.

12 Ch. B. M. Schücking, Münster vor hundert Jahren, Münsterischer Anzeiger, 5. November 1892.

13 Johann Hermann Hüffer, Lebenserinnerungen, Briefe und Aktenstücke, unter Mitwirkung von Ernst Hövel hg. von Wilhelm Steffens, Münster in Westfalen 1952, S. 70.

14 Westfälische Vorgeschichten, gesammelt und aufgezeichnet von Clemens August Droste zu Hülshoff (1802 – 1806), Jahrbuch der Droste-Gesellschaft 3, 1959, S. 124.

15 Zitiert nach Reinhard Lüdicke, Der Straßenauflauf in Münster am 11. Dezember 1837 und Generalmajor Freiherr v. Wrangel, Westfalen 13, 1927, S. 31 f.

16 Levin Schücking, Die Ritterbürtigen. Roman, Leipzig 1846, 1. T., S. 181.

17 Zitiert nach K. Schulte-Kemminghausen, Neue Droste-Funde, Westfalen 17, 1932, S. 163.

18 Bernard Overberg, Anweisung zum zweckmäßigen Schulunterricht für Schullehrer im Hochstifte Münster, 3. Aufl. Münster 1803, S. 99 – 124, 222.

19 Siehe *An einem Tag wo feucht der Wind*, V. 4.

20 Clemens Brentano an Luise Hensel, 24. September 1818 (Briefe, Bd. 2, S. 211).

21 [Anton Mathias Sprickmann], Empfindungen eines Westfälingers bey Klopstocks Tode, Westfälischer Anzeiger, 17. Mai 1803.

22 Raßmann, Münsterischer Epigrammen-Cyklus, S. 9.

23 Verzeichniß der Bücher welche in der Theissingschen Leihbibliothek zu Münster enthalten sind, 3. Aufl. Münster 1828, S. 218.

24 Monika Lahrkamp in: Geschichte der Stadt Münster, unter Mitwirkung von Thomas Küster hg. von Franz-Josef Jakobi, Münster 1993, Bd. 2, S. 34, 40.

25 Huldigungs-Feyer der Provinz Westphalen. Den 18. October 1815, Münster 1816, S. 15, 33 f.

26 Gesang- und Gebethbuch, zum Gebrauche der Römischkatholischen, 3. Aufl. [Münster] 1804, S. 76, 114 – 116.

27 Siehe Schulte-Kemminghausen, Neue Droste-Funde, S. 171.

28 Franz Jostes, [Rezension von:] Wilhelm Kreiten, Anna Elisabeth Freiin von Droste-Hülshoff, 2. Aufl. Paderborn 1900, Euphorion 8, 1901, S. 791.

29 Raßmann, Münsterischer Epigrammen-Cyklus, S. 14.

30 Siehe auch Bernd Kortländer, Annette von Droste-Hülshoff und die deutsche Literatur, Münster in Westfalen 1979, S. 73.

31 Geschrieben wohl Ende Februar bis Anfang März; am 26. März verzeichnet das Tagebuch Sprickmanns den Erhalt des Briefes (Handschrift: Universitäts- und Landesbibliothek Münster, Sprickmann-Nachlaß).

32 Unterhaltungen mit Gott / ein Gebeth- und Erbauungsbuch für katholische Christen von Fr. Darup / Pfarrer zu Sendenhorst, Münster 1811, S. 379.

33 Immanuel Kant, Beantwortung der Frage: Was ist Aufklärung? (Werke. Akademie-Textausgabe, Bd. 8, Berlin 1968, S. 40)

34 Elise von Hohenhausen, zitiert nach Ortrun Niethammer, Damen, Waschweiber und Vogelscheuchen, in: Literatur in Westfalen, hg. von Walter Gödden und Winfried Woesler, Paderborn / München / Wien / Zürich 1992, S. 137.

35 Handschrift: Stadt- und Landesbibliothek Dortmund, 10813.

36 Reif, Westfälischer Adel, S. 674 f.

37 Johannes Bahle, Das städtische Armenwesen Münsters vom Ausgange der fürstbischöflichen Zeit bis zum Beginne der französischen Herrschaft einschließlich, Zeitschrift für vaterländische Geschichte und Altertumskunde 71, 1913, S. 387 f., 441.

38 Karl Leberecht Immermann, Briefe, hg. von Peter Hasubek, Bd. 1, München / Wien 1978, S. 111.

39 Theodor Herman Helmken, [Chronik], S. 32 f. (Handschrift: Kath. Kirchengemeinde St. Magnus Everswinkel). Siehe auch Erwin Buntenkötter, Notvolle Zeiten im alten Everswinkel. Aus den Aufzeichnungen des Theodor Herman Helmken (1795 – 1822), An Ems und Lippe 1981, S. 114 – 117.

40 Friedrich Gottlieb Klopstocks Oden, hg. von Franz Muncker und Jaro Pawel, Stuttgart 1889, Bd. 1, S. 133 f.

41 Heinrich Heine, Säkularausgabe, Bd. 8, hg. von Renate Francke, Berlin / Paris 1972, S. 227.

42 Siehe auch Jürg Mathes, Heine im Göttinger Freundeskreis von August Meyer, Heine-Jahrbuch 21, 1982, S. 125.

43 Frauentaschenbuch für das Jahr 1820 von de la Motte Fouqué, Nürnberg [1819], S. 24, 29.

44 Zitiert nach Joseph Prinz, Die Geschichte des münsterschen Theaters bis 1945, in: das neue theater in münster, hg. von Wilhelm Vernekohl, Münster 1956, S. 48.

45 Karl Immermann, Werke, hg. von Benno von Wiese, Bd. 1, Frankfurt a. M. 1971, S. 513.

46 J. Sartorius, Ein unvorgreifliches Bedenken über die itzige musikalische Kultur à la mode, Cäcilia 3, 1825, S. 289.

47 Gottfried Weber, Versuch einer geordneten Theorie der Tonsezkunst zum Selbstunterricht, Bd. 1, Mainz 1817, Vorrede.

48 Siehe auch Armin Kansteiner, Der ‹Musiktheoretiker› Max von Droste-Hüls-hoff und seine Schülerin Annette, Kleine Beiträge zur Droste-Forschung 3, 1974 / 1975, S. 121.

49 Siehe Heinrich W. Schwab, Sangbarkeit, Popularität und Kunstlied, Regensburg 1965, S. 106.

50 Zitiert nach Mechthild von Schoenebeck, Die Liedkompositionen der Droste, Droste-Jahrbuch 2, 1988 – 1990, S. 115.

51 Autobiographische Aufzeichnungen des münsterländischen Bauern Philipp Richter (1815 – 1890), hg. von Helmut Müller, Münster 1979, S. 55.

52 Handschrift: Depositum Schücking-Sassenberg im Westfälischen Landesmuseum für Kunst und Kulturgeschichte, Münster.

53 Handschrift: Universitäts- und Landesbibliothek Münster, SK A8.

54 Helmken, Chronik, S. 5.

55 Siehe: Nienberger Nachrichten 1844, zusammengestellt von Hermann Krause, Heimatblatt für Nienberge 1, 1986, S. 15.

56 Reif, Westfälischer Adel, S. 211 f.

57 Friedrich Kottwitz, Bönninghausens Leben, Berg am Starnberger See 1985, S. 112.

58 Zitiert nach Sabine Peek, Cottas Morgenblatt für gebildete Stände, Börsenblatt für den deutschen Buchhandel, Frankfurter Ausgabe 21, 1965, S. 961.

59 Gesammelte Schriften von Annette Freiin von Droste-Hülshoff, hg. von Levin Schücking, 1. T., Stuttgart 1878, S. 32.

60 Georg Büchner, Sämtliche Werke und Briefe, hg. von Werner R. Lehmann, Bd. 2, Hamburg 1971, S. 34.

61 Hüffer, Lebenserinnerungen, Briefe und Aktenstücke, S. 141 f., 465.

62 Levin Schücking, Das Stifts-Fräulein. Ein Roman, in: Dombausteine, Karlsruhe 1843, S. 38.

63 Handschrift: Universitäts- und Landesbibliothek Münster, Sprickmann-Nachlaß, Kps. 25,46.

64 Zitiert nach: Das Westphälische Dampfboot 1, 1845, S. 174.

65 Zitiert nach Walter Gödden, Annette von Droste-Hülshoff auf Schloß Meersburg, Meersburg 1993, S. 39.

66 Chronik der Familie Zimmermann (Handschrift: Reinhard Zimmermann, Meersburg), S. 332.

67 Neu aufgefundene Laßbergbriefe, hg. von Ewald Reinhard, Das Bodenseebuch 31, 1944, S. 74.

68 Schücking, Das Stifts-Fräulein, S. 61 f., 190.

69 Levin Schücking, Die Heiligen und die Ritter. Roman, Hannover 1873, Bd. 1, S. 94, 115 – 117; Bd. 4, S. 246.

70 *Niemanden gehören* nach dem Erstdruck (Morgenblatt, 25. April 1842).

71 Gottfried Benn, Der junge Hebbel (Gesammelte Werke, hg. von Dieter Wellershoff, Bd. 1, [Wiesbaden 1968], S. 21).

72 «Der Verbrecher aus verlorener Ehre. Eine wahre Geschichte» (Schillers Werke. Nationalausgabe, Bd. 16, hg. von Hans Heinrich Borcherdt, Weimar 1954, S. 7).

73 Siehe J. Holsenbürger, Die Herren v. Deckenbrock (v. Droste-Hülshoff) und ihre Besitzungen, Münster 1868 / 69; Peter Werland, Westfalens große Dichterin und ihr tatsächlicher Name, Westfälische Nachrichten, 15. / 16. Mai 1976.

74 Das Westphälische Dampfboot 1, S. 225.

75 Unterhaltungen mit Gott, S. 393, 397.

76 Nach Hölderlins Gedicht «Der Adler» (Sämtliche Werke, hg. von Friedrich Beißner, Bd. 2, Stuttgart 1951, S. 229, V. 27 – 30).

77 Zitate und Motive zusammengestellt nach: Der deutsche Vormärz, hg. von Jost Hermand, Stuttgart 1967.

78 Unterhaltungen mit Gott, S. 400.

79 Zitiert nach Jostes, Rezension, S. 799.

80 Jakob Michael Reinhold Lenz, Werke und Schriften, hg. von Britta Titel und Hellmut Haug, Bd. 2, Stuttgart 1967, S. 226.

81 Schillers Werke. Nationalausgabe, Bd. 2,1, hg. von Norbert Oellers, Weimar 1983, S. 308.

82 Zitiert nach: Gesammelte Schriften von Annette Freiin von Droste-Hülshoff, 1. T., S. 180 f.

83 Heinrich Heine, Säkularausgabe, Bd. 2, hg. von Irmgard Möller und Hans Böhm, Berlin / Paris 1979, S. 137.

84 Die Lesarten *Eine nur* und *einen* nach dem Erstdruck (Kölnische Zeitung, 24. November 1844).

85 Hans-Joachim Behr in: Geschichte der Stadt Münster, Bd. 2, S. 93, 95.

86 Elise von Hohenhausen, Reisestunden im Jahre 1846, Das Sonntagsblatt, Minden, 23. September 1849, S. 306.

87 Handschrift: Notariat Meersburg.

88 Wolfram Fischer, Staat und Gesellschaft Badens im Vormärz, in: Staat und Gesellschaft im deutschen Vormärz 1815 – 1848, hg. von Werner Conze, 3. Aufl. Stuttgart 1978, S. 143, 152, 166.

89 Zitiert nach Hans-Joachim Behr, Die Provinz Westfalen und das Land Lippe 1813 – 1933, in: Westfälische Geschichte, hg. von Wilhelm Kohl, Bd. 2, Düsseldorf 1983, S. 81.

90 An Hermann von Liebenau, 10. Mai 1847, zitiert nach: Der Sonderbundskrieg im Urteil eines Schwaben, hg. von Karl S. Bader, Der Geschichtsfreund 104, 1951, S. 15.

91 Allgemeine Zeitung, Augsburg, 17., 25., 26., 27. März 1848.

92 Siehe Bernd Haunfelder, Die Revolution von 1848 / 49 in Münster, Magisterarbeit Münster 1976, S. 22, 28 f., 57.

93 Reinhardt Zimmermann, Tagesnotizen (Handschrift: Reinhard Zimmermann, Meersburg).

Zeittafel

Mit den Entstehungsdaten der wichtigsten Texte sowie – in Kapitälchen – allen Erstdrucken.

1797	Anna Elisabeth («Annette») Freiin Droste zu Hülshoff wird am 12. Januar in Haus Hülshoff / Fürstbistum Münster geboren. Vater: Clemens August Freiherr Droste zu Hülshoff, Mutter: Therese geborene Freiin von Haxthausen, Geschwister: Maria Anna («Jenny»), geboren 1795, Werner Constantin, geboren 1798, Ferdinand, geboren 1802.
1802	Aufhebung des Fürstbistums Münster; erste preußische Regierung.
1805	Bei den paderbornischen Verwandten in Bökendorf.
1806	Niederlage Preußens gegen Napoleon in der Schlacht bei Jena und Auerstedt; französische Regierung.
1808	*Lied eines Soldaten in der Ferne.*
1809	*Der Abend. Abendgefühl.*
1810	*Das Schicksal.*
1812	Kreis um Anton Mathias Sprickmann in Münster.
1813	In Bökendorf (Wilhelm Grimm). Niederlage Napoleons in der Schlacht bei Leipzig; zweite preußische Regierung. *Das befreyte Deutschland.*
1813/14	*Bertha.*
1815	Nach dem Wiener Kongreß Bildung der preußischen Provinz Westfalen mit der Hauptstadt Münster.
1816	*Unruhe.*
1817	Bekanntschaft mit Wilhelmine von Thielmann.
1818	*Walther.* In Bökendorf (Heinrich Straube). In Kassel (Jacob und Wilhelm Grimm, Amalie Hassenpflug).
1819	Geistliche Lieder (*Das Morgenroth schwimmt still entlang*). Besuch Straubes in Hülshoff. Nach Bökendorf. Kur in Bad Driburg. *Die ihr sie kennet des Lebens Freuden.* Straube in Bökendorf.
1819/20	*Geistliches Jahr*, erster Teil.
1820	*Noth. Wie sind meine Finger so grün.* ‹Affären› um Heinrich Straube, August von Arnswaldt, Johannes Wolff. Rückkehr nach Hülshoff.
1820 ff.	Arbeit an *Babilon.* Lieder.
1821	Beginn der Arbeit an *Ledwina.* Generalbaßbuch von Maximilian von Droste-Hülshoff.

1822, 1824	Mit dem Bruder Werner ins Sauerland nach Gevelinghausen (Familie von Wendt-Papenhausen) und Rödinghausen (Familie von Dücker).
1825	Nach Bonn (Clemens von Droste-Hülshoff, Moritz von Haxthausen), Köln (Werner von Haxthausen, Sibylle Mertens-Schaaffhausen), Koblenz (Wilhelmine von Thielmann).
1826	Rückkehr nach Hülshoff. Heirat des Bruders Werner mit Caroline von Wendt-Papenhausen. Tod des Vaters. Umzug nach Rüschhaus.
1827	Beginn der Arbeit am *Hospiz auf dem großen St. Bernhard.*
1828	In Bonn, Plittersdorf (Sibylle Mertens-Schaaffhausen), Bad Godesberg (Wilhelmine von Thielmann). Bekanntschaft mit Johanna und Adele Schopenhauer (vielleicht erst 1830 / 31).
1829	Tod des Bruders Ferdinand. Beginn der Arbeit an der *Judenbuche.*
Nach 1830	Catharina Plettendorf, die frühere Amme, in Rüschhaus. Lieder.
1830 / 31	In Bonn und Plittersdorf.
Vor 1834	*Des Arztes Vermächtniß.*
1834	Kreis um Christoph Bernhard Schlüter in Münster (Louise von Bornstedt, Wilhelm Junkmann). *Nicht wie vergangner Tage heitres Singen.* Reise in die Niederlande (Familie de Galliéris in Zutphen). Heirat der Schwester Jenny mit Joseph von Laßberg aus Eppishausen / Schweiz.
1835 / 36	In Eppishausen. Bearbeitung des «Lochamer Liederbuches». Lieder.
1836	*Der Graf von Thal. Am grünen Hang ein Pilger steht.*
1836 / 37	In Bonn.
1837	*Die Schlacht im Loener Bruch.* In Abbenburg und Bökendorf. *Die Wiedertäufer.* Lieder.
1838	*Klänge aus dem Orient.* In Abbenburg und Bökendorf. GEDICHTE bei Aschendorff in Münster. *Der weiße Aar.* Literarischer Zirkel bei Elise Rüdiger in Münster (Levin Schücking).
1839	Umzug der Familie von Laßberg auf die Meersburg. In Abbenburg. Fortsetzung des *Geistlichen Jahrs. DES ALTEN PFARRERS WOCHE. DER GRAF VON THAL.*
1840	*Perdu! DER GEYERPFIFF.*
1840 / 41	Balladen. Mitarbeit am «Malerischen und romantischen Westphalen» von Ferdinand Freiligrath und Levin Schücking.
1841	*DAS FRÄULEIN VON RODENSCHILD. DER GRAUE. DER SCHLOSSELF. DIE ELEMENTE. GRUSS AN DAS «HERRLE». VORGESCHICHTE. KURT VON SPIEGEL. DAS FEGEFEUER DES WESTPHÄLISCHEN ADELS. DER TOD DES ERZBISCHOFS ENGELBERT VON CÖLN. MEISTER GERHARD VON CÖLN.* Beginn der Arbeit an *Bei uns zu Lande auf dem Lande.*
1841 / 42	Auf der Meersburg. Schücking als Bibliothekar dort. Balladen. *Die Schenke am See. Der Knabe im Moor. Zeitbilder. Haidebilder. Am Thurm. Im Moose. Am Bodensee. Das alte Schloß. Mein Beruf. Kein Wort, und wär' es scharf wie Stahles Klinge. O frage nicht was mich so tief bewegt. Die Taxuswand. Das Spiegelbild. Neujahrsnacht. Abschied von der Jugend. Zu früh geboren.* Bekanntschaft mit Charlotte von Salm-Reifferscheidt.
1842	*Nach fünfzehn Jahren. DER KNABE IM MOOR. IM MOOSE. WARNUNG AN DIE WELTVERBESSERER. GRUSS AN*** [WILHELM JUNKMANN]. DIE JUDENBUCHE* in Fortsetzungen im Stuttgarter «Morgenblatt». *Westphälische*

Schilderungen. Die Taxuswand. Am Thurm. Junge Liebe. Der spiritus familiaris des Roßtäuschers.

1843   *Die Schenke am See. Zeitbilder. Nachruf an Henriette v. Hohenhausen.* In Abbenburg. Mit der Mutter und Elise Rüdiger nach Meersburg. Ersteigerung des Fürstenhäusles. *Das öde Haus.*

1844   Bekanntschaft mit Philippa Pearsall. *Mondesaufgang. Der Nachtwandler. Doppeltgänger. An einen Freund.* Besuch Levin und Louise Schückings in Meersburg. *Die todte Lerche. Lebt wohl. Der Dichter – Dichters Glück (I Die Ihr beym fetten Mahle lacht, II Locke nicht, du Strahl aus der Höh'). Spätes Erwachen. An Philippa. Die Golems. Grüße. Das Ich der Mittelpunkt der Welt. Spätes Erwachen. Die todte Lerche. Lebt wohl. Mein Beruf. Das Haus in der Haide. Gedichte* bei Cotta in Stuttgart und Tübingen. Rückkehr nach Rüschhaus. *Im Grase.* Arbeit an *Joseph. Grüsse. Im Grase. Die Golems. Die beschränkte Frau.*

1845   Tod Catharina Plettendorfs. *Das Bild. Durchwachte Nacht. Volksglauben in den Pyrenäen. Das Wort.* Nach Abbenburg. *Zwey Legenden [Das verlorne Paradies, Gethsemane]. Unter der Linde. Auch ein Beruf. Mondesaufgang. Westphälische Schilderungen* in Fortsetzungen in den «Historisch-politischen Blättern für das katholische Deutschland». Rückkehr nach Rüschhaus. *Gastrecht. Auch ein Beruf.*

1846   *An einem Tag wo feucht der Wind.* Nach Meersburg. *Der sterbende General. Sylvesterabend. Das Bild. Das erste Gedicht. Durchwachte Nacht. Mondesaufgang.*

1847   *Gemüth. Der Schweizer Morgen [Schloss Berg]. Auf hohem Felsen lieg ich hier.*

1848   *Als diese Lieder ich vereint.* Märzrevolution. *Grad' heute, wo ich gar zu gern.* Am 24. Mai stirbt Annette von Droste-Hülshoff; am 26. Mai wird sie in Meersburg beerdigt.

Zeugnisse

Friedrich Oswald [Friedrich Engels]
Dichtungen, wie diese, wo eine Innigkeit des Gefühls, eine Zartheit und Originalität der Naturbilder, wie sie nur Shelley haben mag, eine kühne, Byronsche Phantasie im Gewande einer freilich etwas steif drappirten Form, einer von Provinzialismen nicht freien Sprache auftreten, gehen spurlos vorüber [...]. Dazu ist die Dichterin eine gläubige Katholikin, und wie kann sich ein Protestant dafür interessiren! Aber wenn der Pietismus den Mann, den Magister, den Oberhelfer Albert Knapp lächerlich macht, so steht der kindliche Glaube dem Fräulein von Droste gut. Es ist eine mißliche Sache um die religiöse Freisinnigkeit der Frauen. Die George Sand's, die Mistreß Shelley's sind selten; nur zu leicht zernagt der Zweifel das weibliche Gemüth und erhebt den Verstand zu einer Macht, die er bei keinem Weibe haben darf. Wenn aber die Ideen, mit denen wir Kinder des Neuen stehen und fallen, Wahrheit sind, dann ist auch die Zeit nicht mehr fern, wo das weibliche Herz ebenso warm für die Gedankenblüthen des modernen Geistes schlägt, wie jetzt für den frommen Glauben der Väter – und erst dann wird der Sieg des Neuen vor der Thür seyn, wenn die junge Generation es mit der Muttermilch in sich aufnimmt.   1840 (R 27 f.)

Levin Schücking
Sie ist scharfe Beobachterin, sie hat einen mikroskopisch genauen Blick für die Natur, und dieser Schärfe ihres Auges die alles Detail umfaßt, verdankt sie die außerordentliche Lebendigkeit, die frappante plastische Kraft ihrer Schilderungen, aber auch die Angewöhnung überall nur mit dem Auge zu suchen, überall nur das zu erforschen was dem Blicke sich darbietet und aus dem so Erlauschten die Bilder der Natur nicht allein, sondern auch des Menschencharakters und der geschichtlichen Thatsache sich zusammen zu construiren. Was hinter dem Sichtbaren liegt und dem A u g e entgeht, der Sinn welcher der historischen Thatsache zu Grunde liegt und nur durch Gedankencombinationen gefunden werden kann, beschäftigt sie weniger.   1844 (R 53)

Elise von Hohenhausen
Klagen über unglückliche Liebe, Zerrissenheit und Weltschmerz sind nicht in ihren Gedichten anzutreffen. Sie nähert sich sehr den amerikanischen Dichterinnen, die in einer neuen Ordnung der Dinge, in völliger Unabhängigkeit von der Männerwelt lebend, auch sentimentale Liebe und Hingebung nicht kennen.

                                              1850 (R 126)

142

Enthüllung des Droste-Denkmals von Anton Rüller in Münster,
9. November 1896

Betty Paoli
Jetzt soll ihr eine Huldigung zu Theil werden, wie noch keine Frau, die nicht eine
Herrscherkrone trug, sie erfahren hat: in ihrer Heimatstadt Münster soll ihr ein
Denkmal gesetzt werden.   1876 (R 437)

Carl Busse
Wir sehen nicht, wie sich ein gottgebornes Talent mit der sittlichen Kraft verbindet
und nach Ausbildung aller gegebnen Fähigkeiten strebend zu immer größeren
Höhen ansteigt, von denen es dann freudig auf einen guten und weiten Weg zu-
rückblickt, – wir sehen fast im Gegenteil, wie alle sittliche Kraft darauf verwandt
wird, Fähigkeiten zu unterdrücken. [...] Man kann es nicht scharf genug sagen,
daß Annette im ganzen ein Opfer ihres Standes geworden ist, ein Opfer der umge-
benden Verhältnisse und der adligen Traditionen.
                         1909 (Annette von Droste-Hülshoff, S. 155 f.)

Joseph Riehemann
Der großen Menge des Publikums wird Annette stets fern bleiben. Ihr hoher Ge-
dankenflug, ihre oft schwerverständliche Sprache, überhaupt ihre spröde Art, die
nie daran denkt, ihre Werke nach der Neigung des Publikums zu gestalten oder zu
ändern [...], alles dies versperrt ihr das Eindringen in weite Volkskreise. [...]
Nichts wäre verkehrter als der Gedanke, sie irgendwo und irgendwann zum Mittel-
punkte des deutschen Unterrichts zu machen.   1924 (Pharus 15, S. 353 f.)

143

Johannes Bobrowski

DIE DROSTE

Ich schau am Abend
über den See.
Über den See.

Was sollt ich noch?
Im gestärkten Kragen, das Haar
geknotet straff, ein wenig gebeugt:
so durch den Ufergarten der Gang.
Der Weinstock ist leer.

Nur das Leinen,
dazwischen ich lieg
die Nacht ohne Schlaf,
kommt aus dem Haus im Grasland. Dort
unterm hängenden Dach
blieben die Träume.

In der Ferne
die Rauchfahne.
Über der Insel wohl.
Levin nicht und die andern,
keiner, nur noch das Gras

und der Wind gegen Abend
hören mich an –
reden zu mir.

        1959 (Gesammelte Werke, hg. von Eberhard Haufe, Bd. 1, 1987, S. 227)

Bibliographie

Weil es eine neuere Droste-Bibliographie gibt, braucht die Literatur zum Werk An-
nette von Droste-Hülshoffs hier nur in einer Auswahl zu erscheinen. Breiter doku-
mentiert wird diejenige Literatur, die in der Droste-Bibliographie nur teilweise (Ma-
terialien) oder gar nicht (Geschichte) verzeichnet ist.

I Handschriftenkatalog, Bibliographie

Bodo Plachta, Der handschriftliche Nachlaß der Annette von Droste-Hülshoff,
    Bern / Frankfurt a. M. / New York / Paris 1988 (= Arbeiten zur Editionswissen-
    schaft, hg. von Winfried Woesler, Bd. 1)
Droste-Bibliographie, bearbeitet von Aloys Haverbusch, Tübingen 1983 – 1985
    (= Historisch-kritische Ausgabe, hg. von Winfried Woesler, Bd. 14)

II Ausgaben (Werke, Briefe, Zeichnungen)

Gedichte, Münster 1838, Aschendorff
Gedichte, Stuttgart und Tübingen 1844, Cotta
Sämtliche Werke, in Verbindung mit Bertha Badt und Kurt Pinthus hg. von Karl
    Schulte Kemminghausen, München 1925 – 1930, Georg Müller
Sämtliche Werke, hg. von Günther Weydt und Winfried Woesler, Bd. 1, München
    1973; [2. Aufl. 1979]; 3. Aufl. 1989; Bd. 2, München 1978; 2. Aufl. 1989, Winkler
Historisch-kritische Ausgabe, hg. von Winfried Woesler, Tübingen 1978 ff., Nie-
    meyer
Karl Schulte Kemminghausen, Am Zwinger zeichnet die Mylady. Annette als
    Zeichnerin, 2. Aufl. Münster 1979, Aschendorff
Sämtliche Werke, hg. von Bodo Plachta und Winfried Woesler, Frankfurt a. M.
    1994, Deutscher Klassiker Verlag

III Periodica

Jahrbuch der Droste-Gesellschaft 1 (1947), 2 (1948 – 1950), 3 (1959), 4 (1962),
    5 (1972)
(Kleine) Beiträge zur Droste-Forschung 1 (1971), 2 (1972 / 73), 3 (1974 / 75),
    4 (1976 / 77), 5 (1978 – 1982)
Droste-Jahrbuch 1 (1986 / 87), 2 (1988 – 1990)

IV Materialien

Adreß-Calender des Hochstifts Münster / Hochstifts Münsterischer Hof- und Adreß-Calender, Münster 1776 – 1802

Heinrich Weber, Erinnerungen des Abbé *Baston*, [Coesfeld 1980]

[Heinrich Karl Wilhelm *Berghaus*], Wallfahrt durch's Leben vom Baseler Frieden bis zur Gegenwart. Von einem Sechsundsechziger, Leipzig 1862

Aus Annettes Jugendzeit. Tagebuch-Aufzeichnungen von Jenny von *Droste-Hülshoff*, Jahrbuch der Droste-Gesellschaft 1, 1947, S. 83 – 95

Vom Leiden und Sterben der Annette von *Droste-Hülshoff*. Nachrichten aus dem Tagebuch ihrer Schwester Jenny sowie aus veröffentlichten und unveröffentlichten Briefen, zusammengestellt von Karl Schulte Kemminghausen, Jahrbuch der Droste-Gesellschaft 2, 1948 – 1950, S. 63 – 82

Musik im Hause Droste-Hülshoff. Maximilian von *Droste-Hülshoff*, Sinfonie Nr. 4 in C-Dur / Annette von Droste-Hülshoff, Lieder mit Pianoforte-Begleitung [Schallplatte], Enger o. J.

Walter *Gödden* / Iris Nölle-Hornkamp, «Von den Musen wachgeküßt . . .». Als Westfalen lesen lernte, Paderborn 1990

Walter *Gödden*, Annette von Droste-Hülshoff auf Schloß Meersburg, Meersburg 1993

Walter *Gödden*, Annette von Droste-Hülshoff. Leben und Werk. Eine Dichterchronik, Bern / Berlin / Frankfurt a. M. / New York / Paris / Wien 1994 (=Arbeiten zur Editionswissenschaft, hg. von Winfried Woesler, Bd. 2)

Walter *Gödden*, Der Schwärmer. Die verschollene Lebensgeschichte des westfälischen Sturm- und Drang-Dichters Anton Mathias Sprickmann, Paderborn / München / Wien / Zürich 1994

Walter *Gödden*, Tag für Tag im Leben der Annette von Droste-Hülshoff. Daten – Texte – Dokumente, Paderborn / München / Wien / Zürich 1996

Justus *Gruner*, Meine Wallfahrt zur Ruhe und Hoffnung oder Schilderung des sittlichen und bürgerlichen Zustandes Westphalens am Ende des achtzehnten Jahrhunderts, 2. T., Frankfurt a. M. 1803

Münster und die Münsteraner in Darstellungen aus der Zeit von 1800 bis zur Gegenwart, hg. von Bruno *Haas-Tenckhoff*, Münster (Westf.) 1924

Theodor Herman *Helmken*, [Chronik] (Handschrift: Kath. Kirchengemeinde St. Magnus Everswinkel)

Peter *Heßelmann*, August Freiherr von Haxthausen (1792 – 1866). Mit einem Beitrag von Walter Gödden, Münster 1992

J. *Holsenbürger*, Die Herren v. Deckenbrock (v. Droste-Hülshoff) und ihre Besitzungen, Münster 1868/69

Hermann *Hüffer*, Annette von Droste-Hülshoff und ihre Werke, 3. Ausg., bearbeitet von Hermann Cardauns, Gotha 1911

Johann Hermann *Hüffer*, Lebenserinnerungen, Briefe und Aktenstücke, unter Mitwirkung von Ernst Hövel hg. von Wilhelm Steffens, Münster in Westfalen 1952

Huldigungs-Feyer der Provinz Westphalen. Den 18. October 1815, Münster 1816

Friedrich *Keinemann*, Das Domkapitel zu Münster im 18. Jahrhundert, Münster in Westfalen 1967

Die Denkschrift des Reichsfreiherrn Clemens August Maria von *Kerkerink zur Borg* über den Zustand des Fürstbistums Münster im Jahre 1780, mitgeteilt von

Georg Erler, Zeitschrift für vaterländische Geschichte und Altertumskunde 69, 1911, S. 403 – 450

Wilhelm *Kohl*, Das Bistum Münster, Bd. 4,1 – 3, Berlin / New York 1982, 1987, 1989

Wilhelm *Kreiten*, Anna Elisabeth Freiin von Droste-Hülshoff, 2. Aufl. Paderborn 1900

Annette von Droste-Hülshoff 1787 – 1848. Wie sie lebte / Wie sie war / Was sie schrieb, hg. von Rainer A. *Krewerth*, Münster 1990

[Nikolaus Anton *Lepping*], Kurzgefaßte Chronik der Stadt Münster in Westfalen von 1789 – 1815, 1816 – 1833 (Typoskript: Stadtarchiv Münster, Hs. Nr. 11)

Jörg *Lorenz*, Vom Kloster zum Stiftsdorf. 850 Jahre Hohenholte. Mit Beiträgen von Ursula Pütz und Susana de Andrade, 2. Aufl. Havixbeck 1992

Chronik von Nienberge, hg. von Karl *Moritz*, 2. Aufl. Nienberge 1983

Briefe von Annette von Droste-Hülshoff und Levin Schücking, hg. von Reinhold Conrad *Muschler*, 3. Aufl. Leipzig 1928

Briefe von Levin Schücking und Louise von Gall, hg. von Reinhold Conrad *Muschler*, Leipzig 1928

Schlüter und die Droste. Briefe von Christoph Bernhard Schlüter an und über Annette von Droste-Hülshoff, hg. von Josefine *Nettesheim*, Münster 1956

August Hermann *Niemeyer*, Beobachtungen auf einer Reise durch einen Theil von Westphalen und Holland, Halle 1823

C. v. *Olfers*, Beiträge zur Geschichte der Verfassung und Zerstückelung des Oberstiftes Münster besonders in Beziehung auf Jurisdiktions-Verhältnisse, Münster 1848

Annelise *Raub*, Die Schatztruhe in Ostwestfalen. Haus Bökerhof bei Höxter im Zeichen der Spätromantik, Westfalen '92, 1991, S. 153 – 164

Annette von Droste-Hülshoff und ihr Kreis. Aus den Beständen der Universitätsbibliothek Münster, hg. und kommentiert von Annelise *Raub*. Mit einer Einführung von Wolfhard Raub, Münster 1991

Annelise *Raub*, «Wat steit up use Rippe?» Bökendorf oder Ein besonderes Buch Werner von Haxthausens, Westfalen '93, 1992, S. 34 – 48

Annelise *Raub,* Ein Buch mit sieben Siegeln, Westfalen '94, 1993, S. 92 – 113

Autobiographische Aufzeichnungen des münsterländischen Bauern Philipp *Richter* (1815 – 1890), hg. von Helmut Müller, Münster 1979

Adam Henning *Scheffer gt. Boichorst*, Regierungs Veränderung im Stift Münster (Handschrift: Stadtarchiv Münster, Hs. 12 I)

Manfred *Schier*, Levin Schücking, Münster 1988

Christoph Bernhard *Schlüter*, Tagebücher (Niederschrift nach Diktat: Franziskanerkloster Münster)

Levin *Schücking*, Annette von Droste, Hannover 1862

Levin *Schücking*, Lebenserinnerungen, Breslau 1886

Annette Freiin von Droste-Hülshoffs gesammelte Schriften. Mit Einleitung von Levin *Schücking*, Bd. 1, Stuttgart und Berlin [1898], S. 7 – 46

Karl *Schulte Kemminghausen*, Annette von Droste-Hülshoff, Dortmund 1939; 2. Aufl. München / Berlin 1954; 3. Aufl. 1959; 4. Aufl. (mit Winfried Woesler) München 1981

Karl *Schulte Kemminghausen*, Heinrich Straube, Münster 1958

1770 – 1815. Weltgeschichte am Rhein erlebt. Erinnerungen des Rheinländers Christoph Wilhelm Henrich *Sethe* aus der Zeit des europäischen Umbruchs, hg. von Adolf Klein / Justus Bockemühl, Köln 1973

[Karl Julius *Weber*], Deutschland, oder Briefe eines in Deutschland reisenden Deutschen, Bd. 4, Stuttgart 1828

Rosemarie *Weber*, Westfälisches Volkstum in Leben und Werk der Dichterin Annette von Droste-Hülshoff, Münster 1966

Marga *Wilfert*, Die Mutter der Droste, Diss. Münster 1942

Winfried *Woesler*, Modellfall der Rezeptionsforschung. Droste-Rezeption im 19. Jahrhundert, erstellt in Zusammenarbeit mit Aloys Haverbusch und Lothar Jordan, Frankfurt am Main / Bern / Cirencester U.K. 1980

Chronik der Familie *Zimmermann* (Handschrift: Reinhard Zimmermann, Meersburg)

Reinhardt *Zimmermann*, Tagesnotizen (Handschrift: Reinhard Zimmermann, Meersburg)

V Geschichte

Karl Otmar Freiherr von *Aretin*, Vom Deutschen Reich zum Deutschen Bund, Göttingen 1980

Johannes *Bahle*, Das städtische Armenwesen Münsters vom Ausgange der fürstbischöflichen Zeit bis zum Beginne der französischen Herrschaft einschließlich, Zeitschrift für vaterländische Geschichte und Altertumskunde 71, 1913, S. 331 bis 494

Alfred *Hartlieb von Wallthor*, Das Verhalten der Westfalen in den geistigen Umwälzungen der Neuzeit bis zur Mitte des 19. Jahrhunderts, in: Der Raum Westfalen 4,1, 1958, S. 295 – 390

Bernd *Haunfelder*, Die Revolution von 1848/49 in Münster, Magisterarbeit Münster 1976

Geschichte der Stadt Münster, unter Mitwirkung von Thomas Küster hg. von Franz-Josef *Jakobi*, Münster 1993

Johannes *Katz*, Das letzte Jahrzehnt des Fürstbistums Münster, Diss. Bonn 1933

Susanne *Kill*, Vom alten Münster zur preußischen Provinzialhauptstadt (1780 bis 1816), in: Vom alten zum neuen Bürgertum, hg. von Lothar Gall, München 1991, S. 105–141

Monika *Lahrkamp*, Münster in napoleonischer Zeit. 1800 – 1815, Münster 1976

Heinz *Reif*, Westfälischer Adel 1770 – 1860, Göttingen 1979

Heinz *Reif*, Adelsfamilie und soziale Plazierung im Münsterland 1770 – 1914, in: Jürgen Kocka u. a., Familie und soziale Plazierung, Opladen 1980, S. 67 – 125

Reinhard *Rürup*, Deutschland im 19. Jahrhundert. 1815 – 1871, Göttingen 1984

Hans-Ulrich *Wehler*, Deutsche Gesellschaftsgeschichte, 2. Aufl. München 1989

VI Literaturgeschichte

Renate von *Heydebrand*, Literatur in der Provinz Westfalen 1815 – 1945, Münster 1983

Hans-Wolf *Jäger*, Politische Metaphorik im Jakobinismus und im Vormärz, Stuttgart 1971

Hartmut *Kircher*, Naturlyrik als politische Lyrik – politische Lyrik als Naturlyrik, in: Naturlyrik und Gesellschaft, hg. von Norbert Mecklenburg, Stuttgart 1977, S. 102 – 125

Begriffsbestimmung des literarischen Biedermeier, hg. von Elfriede *Neubuhr*, Darmstadt 1974

Heinz *Schlaffer*, Lyrik im Realismus, Bonn 1966

Friedrich *Sengle*, Biedermeierzeit, Stuttgart 1971 – 1980

VII Musikgeschichte

Carl *Dahlhaus*, Die Musik des 19. Jahrhunderts, Wiesbaden 1980

Heinrich W. *Schwab*, Sangbarkeit, Popularität und Kunstlied. Studien zu Lied und Liedästhetik der mittleren Goethezeit 1770-1814, Regensburg 1965

VIII Literatur zu Leben und Gesamtwerk Annette von Droste-Hülshoffs

Carl *Busse*, Annette von Droste-Hülshoff, 2. Aufl. Bielefeld und Leipzig 1909

Clemens *Heselhaus*, Annette von Droste-Hülshoff. Werk und Leben, Düsseldorf 1971

Bernd *Kortländer*, Annette von Droste-Hülshoff und die deutsche Literatur, Münster in Westfalen 1979

Bernd *Kortländer*, Annette von Droste-Hülshoff, in: Deutsche Dichter, hg. von Gunter E. Grimm und Frank Rainer Max, Bd. 5, Stuttgart 1989, S. 378 – 390

Herbert *Kraft*, «Mein Indien liegt in Rüschhaus», Münster 1987

«Mein lieb lieb Lies!» Die Briefe der Annette von Droste-Hülshoff an Elise Rüdiger, hg. von Ursula *Naumann*, Frankfurt a. M. / Berlin 1992, S. 259 – 292

Annette von Droste-Hülshoff, Sämtliche Werke, hg. von Julius *Schwering*, Bd. 1, Berlin / Leipzig [1912], S. IX – LVIII

Elisabeth *Timmermann*, Annette von Droste-Hülshoffs Kenntnis der ausländischen Literatur, Diss. Münster 1954

IX Literatur zu einzelnen Gattungen und Werken

Die Judenbuche:

Annette von Droste-Hülshoff, Die Judenbuche, Zeitschrift für Deutsche Philologie 99, 1980, Sonderheft

Heinrich *Henel*, Annette von Droste-Hülshoff. Erzählstil und Wirklichkeit, in: Festschrift für Bernhard Blume, hg. von Egon Schwarz, Hunter G. Hannum und Edgar Lohner, Göttingen 1967, S. 146 – 172

Herbert *Kraft*, Annette von Droste-Hülshoffs «Judenbuche», AUMLA 69, 1988, S. 78 – 87

Horst-D. *Krus*, Mordsache Soistmann Berend. Zum historischen Hintergrund der Novelle «Die Judenbuche» von Annette von Droste-Hülshoff, Münster 1990

Prosa:

Annette von Droste-Hülshoff, Berta / Ledwina, hg. von Ursula *Naumann*, Frankfurt a. M. / Berlin 1991, S. 209 – 236

Günter *Weydt*, Naturschilderung bei Annette von Droste-Hülshoff und Adalbert Stifter, Berlin 1930

Zeitbilder:
Jürgen *Wilke*, Das «Zeitgedicht», Meisenheim am Glan 1974

Haidebilder:
Clemens *Heselhaus*, Die Heidebilder der Droste, Jahrbuch der Droste-Gesellschaft 3, 1959, S. 145 – 172
Wolfgang *Kayser*, Sprachform und Redeform in den «Heidebildern» der Annette von Droste-Hülshoff, in: Interpretationen, hg. von Jost Schillemeit, Bd. 1, 80. – 94. Tsd. Frankfurt a. M. und Hamburg 1969, S. 212 – 244
Herbert *Kraft*, Annette von Droste-Hülshoffs «Haidebilder», Literatur in Wissenschaft und Unterricht 21, 1988, S. 15 – 23
Herbert *Kraft*, «Aus der Ferne klingts wie Heymathslieder». Anmerkungen zu Gedichten von Annette von Droste-Hülshoff mit einer Interpretation des Heidebilds «Die Steppe», in: Begegnung mit dem ‹Fremden›. Akten des VIII. Internationalen Germanisten-Kongresses, Bd. 9, hg. von Yoshinori Shichiji, München 1991, S. 406 – 413

Balladen:
Gerolf *Fritsch*, Die deutsche Ballade zwischen Herders naturaler Theorie und später Industriegesellschaft, Stuttgart 1976
Walter *Hinck*, Die deutsche Ballade von Bürger bis Brecht, 3. Aufl. Göttingen 1978

Geistliches Jahr:
Stephan *Berning*, Sinnbildsprache, Tübingen 1975

Briefe:
Walter *Gödden*, Die andere Annette, Paderborn / München / Wien / Zürich 1991

Werkregister

*Vorangestelltes * kennzeichnet Kompositionen.*

Namenregister

Alle Verweise auf den Text, einschließlich der Bildunterschriften, erscheinen gerade, die Verweise auf die Abbildungen kursiv.

Nachwort

Geschrieben 1991–1993.

Dankbar benutzt habe ich die Handschriften, die historisch-kritische Ausgabe von Winfried Woesler, die dokumentarische und die historische Literatur, vor allem die Abhandlungen von Monika Lahrkamp und Heinz Reif. Ganz besonders verpflichtet bin ich der Droste-Chronik von Walter Gödden.

Für die viele Hilfe, die ich bekommen habe, danke ich Erwin Buntenkötter, Grit Dommes, Dr. Werner Frese, Dr. Bernd Haunfelder, Prof. Dr. Klaus Hortschansky, Konrad Hutzelmann, Irmgard Kießling, Dr. Peter Löffler, Dr. Barbara Meier, Dr. Wolfgang Müller, Vinzenz Naeßl-Doms, Prof. Dr. Norbert Oellers, Dr. Annelise Raub, Dr. Wolfhard Raub, Manfred Schier, Gerlinde Schmid-Nafz, Prof. Dr. Hans Taubken, Reinhard Zimmermann. Auch zahlreichen Institutionen spreche ich meinen Dank aus; beigetragen haben mit Handschriften, Dokumenten und Auskünften: Bistumsarchiv Münster, Deutsches Literaturarchiv / Schiller-Nationalmuseum Marbach am Neckar, Droste-Museum im Fürstenhäusle Meersburg, Franziskanerkloster Münster, Kath. Kirchengemeinde St. Magnus Everswinkel, Kath. Kirchengemeinde St. Pantaleon Roxel, Nordrhein-Westfälisches Staatsarchiv Münster, Staatsbibliothek zu Berlin – Preußischer Kulturbesitz, Stadtarchiv Meersburg, Stadtarchiv Münster, Stadtmuseum Münster, Stadt- und Landesbibliothek Dortmund, Universitäts- und Landesbibliothek Bonn, Universitäts- und Landesbibliothek Münster, Westdeutscher Rundfunk Köln / Münster, Westfälisches Amt für Denkmalpflege Münster, Westfälisches Archivamt Münster, Westfälisches Landesmuseum für Kunst und Kulturgeschichte Münster.

Dank sage ich schließlich meinen Mitarbeiterinnen und Mitarbeitern am Germanistischen Institut der Universität Münster für eine Zeit besonders produktiver und angenehmer Zusammenarbeit: Kornelia Lüttmann, Jutta Michaelis, Thorsten Pannen, Dr. Claudia Pilling, Diana Schilling, Mirjam Springer, Tang Wenping, Dr. Gert Vonhoff, Christiane Wilmes. Mirjam Springer, die das Kapitel «Improvisationen» geschrieben hat, besorgte auch die Redaktion des Manuskripts.

Eingearbeitet in den Text sind einige Vorträge, gehalten an der Westfälischen Wilhelms-Universität in Münster (1987), an der Sun-Yatsen-Universität und der Fremdsprachenhochschule in Guangzhou / China (1988), beim 8. Internationalen Germanisten-Kongreß in Tokyo (1990), beim 27. Kongreß der Australasian Universities Language and Literature Association in Dunedin / Neuseeland (1993).

Die zweite Auflage wurde durchgesehen, korrigiert und ergänzt.

Münster, im September 1995   Herbert Kraft

Über den Autor

Herbert Kraft, geboren 1938 in Walsum (Niederrhein), Dr. phil. Tübingen 1962, Habilitation für Deutsche Philologie Tübingen 1970, seit 1972 o. Professor für Neuere deutsche Literaturgeschichte und Direktor des Germanistischen Instituts der Universität Münster. – Weitere Bücher: Poesie der Idee. Die tragische Dichtung Friedrich Hebbels, 1971; Kafka. Wirklichkeit und Perspektive, 1972, 2. Aufl. 1983; Die Geschichtlichkeit literarischer Texte. Eine Theorie der Edition, 1973; Das Schicksalsdrama. Interpretation und Kritik einer literarischen Reihe, 1974; Das literarische Werk von Walter Jens, 1975; Um Schiller betrogen, 1978; Mondheimat. Kafka, 1983; «Mein Indien liegt in Rüschhaus», 1987; Editionsphilologie, 1990; Someone like K.: Kafka's Novels. Transl. from the German by J. R. Kavanagh in Conjunction with the Author, 1991. – Editionen: Schillers Kabale und Liebe. Das Mannheimer Soufflierbuch, 1963; Schillers Kabale und Liebe. Kritische Ausgabe, 1967; Friedrich Schiller, Wilhelm Tell, 1967; Friedrich Hebbel, Genoveva, 1968; Johann Heinrich Merck, Briefe, 1968; Schillers Werke. Nationalausgabe, Bd. 11: Demetrius, 1971; Andreas Streichers Schiller-Biographie, 1974; Schillers Werke. Nationalausgabe, Bd. 12: Dramatische Fragmente. In Zusammenarbeit mit Klaus Harro Hilzinger und Karl-Heinz Hucke, 1982.

Quellennachweis der Abbildungen

Westfälisches Landesmuseum für Kunst und Kulturgeschichte, Münster (Photos Rudolf Wakonigg): 2, 8 oben, 18, 28, 59

Staatsbibliothek zu Berlin – Preußischer Kulturbesitz: 6, 80

Lippische Landesbibliothek, Detmold: 8 unten

Historia-Photo, Hamburg: 9

Westfälisches Amt für Denkmalpflege, Münster: 10, 11, 25, 30, 33, 36, 37, 41, 46, 51, 70, 71, 83, 86 / 87, 90, 97, 103, 121, 126, 127, 128, 131

Aus: Karl Schulte Kemminghausen, Am Zwinger zeichnet die Mylady. Annette als Zeichnerin, 2. Aufl. Münster 1979 (mit freundlicher Genehmigung der Aschendorffschen Verlagsbuchhandlung): 13, 117

Aus: Westfälische Geschichte, hg. von Wilhelm Kohl, Bd. 1, Düsseldorf 1983: 16

Universitäts- und Landesbibliothek Münster: 26, 39, 78, 79, 86 oben, 109

Stadtarchiv Münster: 29, 31

Aus: Karl Schulte Kemminghausen, Heinrich Straube, Münster 1958: 56

Bildarchiv der Österreichischen Nationalbibliothek, Wien: 65

Manfred Schier, Münster: 68

Aus: Bernd Haunfelder, Münster und das Münsterland in frühen Photographien 1841 bis 1900, Münster 1988: 75, 143

Reinhard Zimmermann, Meersburg: 88 /89

Droste-Museum im Fürstenhäusle, Meersburg: 91, 94, 107 (Photo Lauterwasser)

Annette von Droste-Gesellschaft, Münster: 92 (Photo Karl Heinz Baltzer), 113

Otto-Modersohn-Museum, Fischerhude (Photo Rudolf Wakonigg): 112 (VG Bild-Kunst, Bonn 1994)

Westfälisches Archivamt, Münster: 119

Aus: Hermann Hüffer, Annette von Droste-Hülshoff und ihre Werke, 3. Ausg., bearbeitet von Hermann Cardauns, Gotha 1911: 120

Stadtarchiv Meersburg: 133